知っていますか？

障害者の権利 一問一答

DPI日本会議 編

解放出版社

まえがき

障害者権利条約批准後、最初の日本政府報告が二〇一六年六月二九日に国連障害者権利委員会に提出されました。条約には、障害者が「他の者との平等を基礎として」地域で当たり前に暮らしていけるよう諸施策を確保するべき締約国の責務が記載されています。しかし日本の現状は、今も多くの障害者が施設・病院に長期入所・入院しています。その要因として、地域における居住・生活支援施策が不十分であることが指摘されてきています。

日本の障害者施策は二〇〇〇年代に大きく変換した後、二〇一〇年代には条約批准を目的として大きな制度改革が図られましたが、条約の諸精神と障害者の生活にはまだまだはるかな距離があるといわざるを得ません。

二〇一六年七月二六日に神奈川県相模原《さがみはら》市の障害者入所施設で一九名もの入居

者が殺害されるという大量殺傷事件がおきました。

犠牲になった方々のご冥福をお祈りするとともに、条約前文に掲げられている「人類社会の全ての構成員の固有の尊厳及び価値並びに平等のかつ奪い得ない権利」という文言の意義をあらためてかみしめています。

全ての人の命が等しく尊重されるというメッセージを社会全体で発していくことが求められるこのような時代にあって、障害のある人と障害のない人とが地域生活、教育、雇用などさまざまな場において共生・対話し、必要な合理的配慮の要求や提供が行われる一助となるよう、二〇〇五年に発行された楠敏雄・姜博久編著『知っていますか？　障害者の人権一問一答』の全面改訂版として本書を発行することとなりました。

わたしたちDPI日本会議は全ての人の命と生活が尊重され、障害の有無によって分け隔てられることのない共生社会＝インクルーシブ社会を目指しています。

そのため誕生から臨終までの人の一生のさまざまなライフステージにおいて、障害者の権利の実現にどのような課題があるのかということを網羅できるような構成で本書を編みました。また本書には、前書の編著者、故・楠敏雄（元・DPI日本会議副議長）が執筆した「差別語、差別表現」についての歴史的な文章を再録し、楠ら障害者運動の先人たちが生涯をかけて求めた差別のない社会に向けた絶え間ない取り組みのバトンを受け継ぐ決意を表明するものです。

本書に関わる参考の本を、それぞれの設問の末尾に加え、本の末尾に「さらにくわしく知りたい方のために」（一二四頁）として掲載しています。参考にしてください。

ぜひ、障害のある人もない人も共に暮らしやすく学びやすく働きやすい社会を目指して、学習会や研修の場で本書を大いに活用してください。

DPI日本会議議長　平野みどり

知っていますか？ 障害者の権利 一問一答◉もくじ

問1 お腹の赤ちゃんに障害があるかどうかを調べる検査があると聞きました。どうしようか迷っています。

生まれる前の胎児の検査は、出産の安全のために始まりました。今では妊婦さん誰もが受ける超音波検査もその一つで、画像のプリントを記念として大切にする人もいます。でも、画像の精度の向上で胎児の異常が分かることがあります。

もっと積極的に、胎児の障害を診断する検査技術も開発されてきました。羊水に混じっている胎児の細胞から、染色体や先天性代謝の異常などを調べる羊水診断は、日本でも一九六〇年代から行われています。羊水は妊婦さんのお腹に針を刺して採取するので、わずかですが流産の危険があります。

負担の少ない方法として考えられたのが、血液検査です。母体血清マーカー検査は一九九〇年代中ごろに始まりました。妊婦さんの血液成分から、胎児の染色体の数の異常を調べ、障害がある確率を示します。この確率の数値は分かりにくく、妊婦さんの不安に医師が対応できないという問題がおきました。

これに対して、血液に漂う胎児のＤＮＡの断片を調べる新型出生前検査は、的中率が高いとされています。日本では二〇一三年から臨床研究として実施され、一定の条件を満たした医療機関で、条件に当てはまる妊婦さんが受けています。

マーカー検査も新型検査も、それだけで診断は確定できず、確定診断には羊水検査が必要です。また現在、これらの検査で分かるのは限られた障害で、全ての障害ではありません。私たちも病院で検査を受けますが、それは病気の治療のためです。胎児の検査も治療に役立つ場合がありますが、治療法がない障害の診断が確定すると、多くの場合、人工妊娠中絶が行われるのが現状です。

科学技術は中立であると思われていますが、実用化されるのは、その社会の考え方に沿う技術です。医療の分野でもそれは同じです。今、私たちが暮らす社会には、障害は本人と家族の不幸、社会には負担だとする偏見が根強くあります。実際に日本には、障害者を「不良な子孫」と名指しして、出生を防止する法律がありました。国にとってよい働き手になる健康な子どもだけを、必要な数だけ産むように仕向ける「優生保護法」という法律でした。この法律は一九九六年に障害者を差別する条文をなくして「母体保護法」に改正されましたが、偏見は消えていません。そのために、多くの人が、障害をもつ子の親になるのを不安に思い、避けたいと考えがちです。そこに出生前診断の技術が開発されるのです。

すでに生まれている障害者には、出生前診断は直接の害にはなりません。しかし、障害をもつ胎児は生まれないのが当たり前になれば、障害者に、「生まれるはずではなかった人」というレッテルが貼られる心配があります。また、ある種類の障害をもつ子が減った社会では、その障害をもつ人を診療できる医師がいなくなる弊害がおきます。

子どもを産みたい人にはどうでしょう。障害があると子どもはつらいだろうか、育てられるだろうかと心配で検査を考えますが、診断が確定したら、出産か中絶かの決断を迫られます。検査を迷う人も多いのです。障害の有無で子どもを選ぶことを強いられるとしたら、子どもを望む人は苦しいでしょう。その人たちを検査に追い立てる、社会の圧力が問題です。

圧力が減るように、「障害は不幸」という偏見をなくしましょう。私自身も障

❶胎児条項　堕胎罪が禁じる中絶を母体保護法が許す条件は、妊娠出産が母体の健康を害する場合と強姦による妊娠の場合。胎児の障害が理由の中絶は前者に該当すると解釈され、行われているが、「胎児条項」として明記を求める声がある。

害者ですが、困難はあってもこの身体で生きるのは面白い。障害でも他の何でも、困難とよく取り組むと人生は楽しい。どんな障害があっても、生まれてくること、育てることに十分な意味があると、大きな声で言いたいです。

二〇〇六年に国連で採択され日本も批准した「障害者権利条約」には、「社会モデル」という考えがあります。他の人と違う心身の機能が「障害」になるのは社会的障壁のせいだから、その障壁を取り除こうという考え方です。障害がある子もない子も、同じように祝福され、育てる格差がない社会の仕組みが必要です。それは、子どもを産みたい人の安心になり生殖の権利をまもります。

「母体保護法」の、中絶を認める条件に「胎児条項❶」を作ろうという考えには反対です。胎児の障害が理由の中絶はあるのだから条文に書くべきという意見は、何度か表明されています。中絶に対する考え方はさまざまですが、女性本人の意思にもとづく中絶は条件を付けられず、安全で合法的であればよく、胎児条項は不要です。作れば障害をもつ胎児の中絶を促す圧力になり、女性の人権をも侵害するでしょう。障害への偏見がある社会で、出生前診断は、障害者と子どもを産みたい人、両方の人権を脅かします。

問 2

子どもに障害があります。地元の幼稚園に入れませんでした。どうしたらいいのでしょうか？

◉子どもは子どもたちの中で育つ

障害のある子も、一人の子どもとして、同世代の子どもたちの中で育つのが当然です。そのためには地元の保育所や幼稚園や子ども園に入って他の子どもたちの中で育つことが大切だと私は考えます。四〇年近く保育現場での実践を見てきてそのように確信しました。また、この確信は、私の個人的な確信にとどまらず、今や世界の常識となっています。子どもは子どもの中でこそ育ちます。

◉入園を要求する取り組み

現在でもなお、この設問のように、障害を理由に、他の子どもたちと同じように障害のある子を受け入れない幼稚園などがあります。これは非常に残念なことです。そこでこの現状を変えていく取り組みが必要になります。

日本は二〇一四年に障害者権利条約を批准しました。この条約では、障害のある人は、障害のない人と同じように、地域の中で生きることが権利だと明記しています。障害を理由に幼稚園に入れないのは差別になります。ですからこの条約に書かれていることがすぐに実現されていない場合、国や自治体、そして国民の一人ひとりはこの理念を実現する努力をする必要があるのです。

現状では受け入れができないと断られても、諦めずに、まず幼稚園のある自治体に、そして幼稚園に対しても堂々と入園を要求していきましょう。入園に賛同してくれる人たちに協力をお願いするのもいいと思います。

障害があっても、「障害のない子どもと同等に（権利条約の言葉）」全てのことが保障されるべきだと権利条約で定めています。障害のある子も共に育ち合う保育をインクルーシブ保育といいます。幼稚園での共同生活の体験は、地域の小中学校での学校生活につながり、インクルーシブ教育（共に学び合う教育）、そして将来の地域社会での市民としての暮らしにつながっていきます。小さいときからみんなの中で助けあいながら育つことが大事なのです。

◉保育実践の取り組み

障害のある子が幼稚園に入園すると保育が始まります。しかし、他の子どもと同じように集団生活に参加するのが難しいこともあります。まず、子どもの生活リズムを整えつつゆっくりとできるところから保育を始めましょう。ただしこの場合でも、他の子どもたちと同じように生活することを保育の基本方針とするのは重要です。

時にはトラブルもおきるでしょう。その時には、なぜトラブルがおきたのかまわりを見直し、またなぜその子がそうしたのか見直してみましょう。どのような行動にもその子がそうするワケ（理由）があります。その子に対する共感的理解を深めながら保育に取り組みましょう。

障害のある子どもの保育を考えるとき、障害から子どもを見がちですが、そこにとどまらず、目の前のこの子自身の思いを感じとるようにしていくことが不可欠です。そうすると、この子に応じた対応が少しずつみえてきます。

◉保育実践の四つの手だてと保護者との連携

保育実践には次の四つの手だてが考えられます。①目の前のこの子に対してていねいに関わること、②子ども同士の関係を育てること、③クラスづくりをすること、④保育所の環境整備（人的環境と物的環境）を行うことです。この四つの手だてを連動させながら保育実践を創り出していきましょう。

加配（担当を増やすこと）の保育者がつく場合、ともすると保育者がつきすぎて子ども同士の関わりを阻害する場合があります。保育者はクラスの保育者と連携をとりながら、自分が仲介役になって子ども同士の関係を育てることが必要です。

保護者の思いを聞いて保護者が何を求めているか、子どもの育つ姿をみつめながら考え合っていきましょう。障害のある人も地域で共に生活できるインクルーシブな社会をどう創っていくか、障害のない子どもの保護者とも一緒に考えるようにしましょう。

問
3
障害のある弟が、兄と同じ小学校へ行けないと言われました。なぜですか？

◎原則インクルーシブ教育ではない日本の教育法制度

どうして障害のある弟さんは、障害のないお兄さんと同じ学校に行けないと言われたのでしょう。まずは、法制度から説明します。日本の法律では、障害のない子どもは小学校に入学したら普通学級に在籍します。一方、障害のある子どもの学校教育の場は、普通学級、特別支援学級、特別支援学校と三つあります。ですので、障害のある子どもの保護者は、子どもが小学校に就学する前に、子どもの就学先をどこにするか決めなければなりません。

市町村教育委員会は、子どもが小学校に就学する約一年前から相談会を実施します。そこで保護者は子どもの就学先について意向を聞かれますが、同時に子どもの発育状況などの検査が行われます。例えば、学校教育法施行令第二二条の三という法令には「特別支援学校の対象とする障害の程度」として、肢体不自由ならば「補装具の使用によっても歩行、筆記等日常生活における基本的な動作が不可能または困難な程度のもの」、知的障害ならば「他人との意思疎通が困難で日常生活を営むのに頻繁に援助を必要とする程度のもの」などという記述がありま す。そうすると、車いすユーザーや、知的な障害により言葉が発声しにくい子など、いわゆる「障害の重度の子」は特別支援学校の対象とみなされます。

二〇一三年、文部科学省は、障害のある子どもが原則として特別支援学校に就学するという仕組みを改め、障害の状態、教育的ニーズ、専門家の意見、学校や地域の状況などから市町村教育委員会が「総合的判断」をして就学先を最終決定する仕組みにしました。その際には、「本人・保護者の意向を最大限尊重すること」とされました。数は少ないですが、保護者の意向どおりに就学先が決まる自治体がある一方、多くの自治体は、いまだに従来どおり右のような資料を参考にして就学先を判定し、保護者の意向が教育委員会の判定に合致しない場合、保護者に対して意向を変えるように指導を行っています。また、保護者の意向どおりに就学しても、そのあと特別支援学級や特別支援学校に異動するよう勧めるという実態がみられます。

さらに、地域の学校の普通学級に就学を希望した場合、学校では介助ができないので保護者が子どもに付き添うことという条件や、十分な学習指導ができない、などと言われることが多くあります。その結果、保護者が地域の学校ではなく、特別支援学校を選ばざるを得ない状況があります。このように、日本の教育法制度は、障害のある子どもが地域の学校の普通学級に就学するという原則インクルーシブ教育ではないために、保護者が地域の学校に就学したいという意向を強く表明し続けないと、実際には就学できないのが実態です。

◉求められるインクルーシブ教育の方向性

では、どのような法制度が求められるのでしょうか。障害者権利条約第二四条では、障害のある子どもは、居住する地域のインクルーシブな学校にアクセスできること、個人の必要に応じて合理的配慮が行われること、個別的な支援措置はフル・インクルージョン（地域の学校の普通学級に在籍すること）という目標に即して行われることなどを締約国に確保するよう求めています。

障害を理由として学習の場を分けないインクルーシブ教育が求められます。普通学級で合理的配慮や必要な支援を行い、障害のある子どもが安心して学校生活を営めるインクルーシブな学校の法制度化が求められます。そうすれば、兄弟姉妹が別々の学校に行くこともなく、また、保護者が学校選びに悩むこともありません。イタリアやスペイン、カナダのニューブランズウイック州、ブリティッシュ・コロンビア州などがこのような法制度です。特別学校は存在せず、障害の有無に関係なく、全ての子どもは地域の学校の普通学級に在籍して合理的配慮を受けています。

いやいや、それは乱暴だ、特別支援学校をすぐにはなくせないという意見もあるかもしれません。だとしたら、条約に書かれているように、少なくともフル・インクルージョンを目指さなければなりません。例えばアメリカには（州により異なりますが）特別学校が存在しますが、法律で障害児は「最も制約の少ない環境」で学ぶとされ、普通学級で学ぶインクルーシブ教育を目指すという方向性が明確になっており、統計でも普通学級で学ぶ子どもの数は増加しています。

日本の特別支援教育は、普通学級で学ぶインクルーシブ教育を目指すという方向性が示されていません。特別支援学校と特別支援学級で学ぶ子どもの数は激増しており、条約の目指すインクルーシブ教育に逆行しています。これは、障害のある子どもが普通学級で安心して学び生活するための制度設計が不十分なために、保護者や本人が積極的に普通学級を選べないことが理由であるともいえます。

共生社会を創造するためには、共に学ぶ、共に育つ権利を子どもたちに保障しなくてはなりません。なぜならばそのようにして育った子どもたちが、将来の共生社会を創っていくからです。しかし、今のままでは障害のある子どもの社会参加という意味ではもちろん、障害のない子にとっても障害のある子どもと一緒に学ぶ機会を奪っており、共生社会の創造への大きな障壁となっています。大きな視点で教育制度を考えていく必要性が、今、求められています。

コラム

最近よく聞く「インクルーシブ教育」ってなに？

みなさんが小学生や中学生のとき、障害のある子どもと一緒のクラスで勉強しましたか。最近耳にするようになってきた「インクルーシブ教育」はこれに深く関係します。一九九四年のサラマンカ宣言では、教育は障害児を含む「全ての」子どもたちの基本的権利であり、別の方法を取るやむを得ない理由がないかぎり、全ての子どもを普通学校に入学させることを求めています。またユネスコ（国連教育科学文化機関）はインクルーシブ教育を、排除されている者のみ（例えば障害者）だけではなく全ての学習者にとって利益があり、全ての学習者にとって教育の質自体をあげていくこと、などとしています。つまりインクルーシブ教育とは、障害のある子どもを含めてさまざまな困難がある子ども全てを受け入れ、質の高い教育をできるだけ同じ場（普通学級）で行うこと、となります。

また、二〇〇六年にできた障害者権利条約（第二四条）では、多様性の尊重と最大限の発達の教育目的のために、生活する地域で質の高いインクルーシブ教育が障害者に確保され、個別に分けて教育する場合も「フル・インクルージョン＝同じ教室で一緒に学ぶこと」という目的に則して行うべき、としています。

日本の状況はどうでしょうか。もともと障害のある子どもは養護学校に行っていましたが、一九七九年に養護学校が義務化されて分離教育体制がさらに強化されました。二〇一三年に少し制度が変わり、障害のある子どもの行く学校は「総合的判断」で決められることになりました。日本の政府はインクルーシブ教育についてどのように考えているのでしょうか。文部科学省のまとめた文章を要約すると「自由な社会に効果的に参加することを可能にするという目的の下、障害のある者と障害のない者が共に学ぶ仕組みのこと。自己の生活する地域において初等中等教育の機会が与えられること」とし、「インクルーシブ教育システムでは、同じ場で共に学ぶことを追求するとともに、個別の教育的ニーズのある幼児児童生徒に対してその時点で教育的ニーズに最も的確に応える指導を提供できる多様で柔軟な仕組みが必要であり、小・中学校における通常の学級、通級による指導、特別支援学級、特別支援学校といった、連続性のある『多様な学びの場』を用意しておくことが必要」としています。しかし、全ての子どもは原則として地域の通常学校の普通学級に就学し、本人や保護者が希望する場合に特別支援学校や特別支援学級へ、という仕組みになっていないので、「多様な学びの場」が障害のある子どもとない子どもを分けていく道具になってしまっています。

アメリカやカナダ、イタリア……。国際的には、障害のある子どももない子どもも同じ教室で質の高い教育を受けるインクルーシブ教育が大きな流れになっています。インクルーシブ教育は障害のある子どもだけでなく、全ての子どもにとって利益になります。いろいろな子どもと一緒に学び育つことは豊かな社会づくりの原動力になりますし、いろいろな事情があっても排除されないインクルーシブ教育は、差別なしに全ての人が安心して一緒に暮らすことができるインクルーシブ社会をつくる基礎になります。保育園、幼稚園から大学まで障害のある子どももない子どもも一緒に学び育つことが当たり前、そんな時代をつくっていきましょう。

問4

知的障害があるなど、試験で点数が取りにくい子どもたちは、普通の高校に入学できないのですか？

保育所・幼稚園、そして小中学校と、障害児と健常児が普通学校で共に学ぶことは、地域による格差はまだまだ大きいものの、ある程度できるようになってきつつあります。一般社会と同じように、障害者も健常者も同じ場で、それぞれの違いを認めあって育つことは、障害児が将来、地域での自立をはたしていくためにも大切な意味をもちます。ですから一六～一八歳という年齢に、社会に出る準備期間として、普通高校で学ぶことの重要性はいうまでもありません。

ただし高校は、小中学校と違い義務教育ではありません。私立やごく一部の公立で中高一貫教育はありますが、多くの場合、高校受験というハードルを越える必要があります。

学校のエレベーター設置は、都道府県によっては条例で設置が義務づけられていますが、全国的に見ると設置はなかなか進んでいません。「エレベーターがないから、障害者は来れなくても仕方ない」という考え方から、「エレベーターがないのがおかしい」というように、発想の転換を加速させていく必要があるでしょう。しかし建物などについては今後も少しずつ改善されていくと思われますし、また受験方法についても、別室受験・受験時間の延長・代筆者の設置など、さまざまな配慮が行われています。

根本的な問題となるのは、現行の高校入学選抜制度が、障害児のみではなく、全ての子どもたちを、「狭い学力観＝点数」で輪切りにする能力主義の体制のもとで行われていることです。このような状況のなか、特に知的障害をもつ生徒にとって、入学者選抜制度は大きな壁として立ちはだかっています。

知的障害という障害の範囲は非常に広く、現在測られている学力において点数が取れる生徒もいますが、多くの生徒にとって、学力にウエイトがおかれる評価では、入学者選抜制度を経て高校に入学するのは難しいのが実情です。

しかし現状がそうである以上、高校生の時期に健常児と共に学びたいという思いのある障害児は、厳しい現実に立ち向かっていかざるを得ません。

実際には、点数を取るのが難しい知的障害をもつ生徒が、入学選抜制度の壁を超えて合格している多くの場合は、定員内での合格（募集人員より受験者のほうが少ない、いわゆる定員割れ）です。しかし定員内であっても、高校や教育委員会の判断で不合格になることも多くあります。

また高校に入学しても、点数が取れない障害者が高校で進級できるのかという課題があります。高校を卒業するには単位を取得する必要がありますが、その判断は柔軟に行うことによって可能となります。例えば大阪府の場合は「評価のあり方・方法を、障害の状況に即して検討」し「多角的、総合的に評価すること」など、一律に試験などの点数のみによって測るだけでない方法を検討することを、全府立高校に文書で示しています。

このように知的障害があっても、普通高校で学んでいくことは可能です。

また現状の、ある種差別的ともいえる選抜制度に挑戦していくことと同時に、現在の制度そのものを変えていくことも必要です。大阪府では二〇〇六年の入試選抜から、知的障害をもつ生徒が普通高校に入れるよう「特別枠」を数校に設けることになりました。しかしこれで入学ができる生徒は毎年三十数名程度でしかなく、普通高校に行きたいという多くのニーズを満たすものではありません。

かつて小中学校への入学が、文部科学省の方針、地域の教育委員会や周囲の無理解のなかで勝ち取っていったのと同じように、高校へ入ることについては、まだまだ運動が必要と思われます。

高校入学を希望する全ての障害のある生徒が、高校生活を送れるようになるためには、原則として支援が必要な障害児は、環境が整った場＝健常児と違う場で学ぶべきという、実質的な別学体制をどう変えていくか、また入試選抜制度を取りしきる各都道府県教育委員会にどう働きかけていくか、さらには小中学校現場や地域の人びとの意識をどう高めていくかなどが課題になります。

そしてそれは、障害児だけでなく健常児にもさまざまな支援が必要な場合もあるなかで、障害がある・ないに関係なく、一人ひとりの教育的ニーズにどのように応えるか、教育のあり方全体の問題をどうとらえていくかということにもつながるといえるでしょう。

問5

障害のある大学生は他の学生と同じように学ぶことができるのでしょうか？

障害のあるあなたは、「どこの大学に自分が受験できるのか」「どんな配慮を受けて学生生活を送ることができるのか」不安に思いながらこの設問を読んでいるかもしれません。

けれども安心してください。数多くの障害のある大学生が、日本で大学に通い学んでいます。そしてさまざまな配慮を受けながら学生生活を送っています。また違う面からみると、日本の高等教育には、障害者だから「特別な大学」に行かなければならないといった制限はありません。その意味で障害者にとって日本の高等教育はもっともインクルーシブな教育環境ということもできるでしょう。

それでは障害のある大学生は、どのように大学を選んでいけばいいのでしょうか。三つのステップでお話しします。一つ目は、自分は何を学びたいのかをあらためて問いかけることです。障害のある大学生は、配慮を受けるために大学に行くわけではありません。学びたいこと、目指したい目標、仲間との楽しい学生生活を夢見て大学に行くのです。ですから、最初から障害者に対する合理的配慮に富む大学だけを選んでも、自分の目標とずれてしまいます。

二つ目は自分の障害と必要な合理的配慮を知ることです。大学を目指すのにあたって、自分にはどのような障害があって、どのような配慮が必要なのか考えることは、自立生活への第一歩でもあり、とても大切なことです。一人ひとりの学歴によって、特別支援学校で必要な配慮を受けていた人もいれば、高等学校で全く配慮のないなかで必死に頑張ってこられた人もいると思います。しかし、それまでの環境がどのようであったとしても、大学に入るにあたっては、自分が最も快適に受験や学生生活を送るための配慮を獲得していかなければなりません。そのためには、例えば「書くこと」「読むこと」「生活すること」などにどのような配慮が必要か、どこで自分は無理をしてきて、どういった配慮があれば快適に学べるのか知ることがとても大切です。

三つ目は自分が学びたい大学の障害者の受け入れの状況を知り、自分が学ぶうえで必要な配慮と比較検討していくことです。日本では大学での障害者に対する合理的配慮は、各大学の取り組みにまかされており、国で統一した内容ではありません。また同じような配慮の内容であっても、大学によって視点が異なっており、少しずつ配慮の内容は異なっています。

そこで、配慮内容の検討にあたっては全国障害学生支援センターが発行している『大学案内障害者版』（最新版は『大学案内二〇一四障害者版』）のデータが大変参考になります。障害別に受験や学生生活でどのような配慮が行われているか、障害当事者の視点から具体的に知ることができます。そこで自分の求める合理的配慮と比較をして、自分がその大学で学ぶことに不都合がおこらないか考えていくことが大切です。その際には自分の求める合理的配慮のなかで「絶対になくなっては困る配慮は何か」ということも考慮しておきましょう。

二〇一六年四月から障害者差別解消法が施行され、国公立大学・国立高等専門学校（高専）においては、「不当な差別的取扱いの禁止」「合理的配慮の提供」のいずれもが法的義務となりました。たとえ今まで障害者がほとんど進学していな

ラフティング（急流下り）を楽しむ北村佳那子さん。重度の重複障害をもつが、地域の小中高校で学んだあと、大学に聴講生として５年間通った。（写真提供・北村佳那子さん）
参考：武壮隆志・北村佳那子『最重度・重複障害児かなこちゃんの暮らし―地域で、普通学級で生きるということ』明石書店 2006

い医学・薬学系の大学においても、国公立大学であれば全て法的義務が課せられています。一方、私立大学においては「不当な差別的取扱いの禁止」が法的義務、「合理的配慮の提供」に努力義務が課せられています。障害者が求めていく際には強力なツールができたといえるでしょう。

また、合理的配慮の内容を求める時には、二〇一二年にまとめられた文部科学省の「障害のある学生の修学支援に関する検討会報告（第一次まとめ）」がひとつの基準となっていくでしょう。

人が生まれて、何かを学ぶことなく生きていくことはありません。人は常に学びながら生きています。これは人の教育を受ける権利の本質をなすものであり、教育原理の根幹をなすものです。一方、学ぶことに制約を付ける社会が今もって残っています。学ぶことに制約を付ける社会は、人が生きることに制約を付けている社会にほかなりません。障害者差別解消法をはじめとして、さまざまな学ぶことの制約を取り除いていくことで、私たちは「学びたいときに、学びたい場所で、自由に学べる社会」を目指しています。

全国障害学生支援センター編『大学案内二〇一四障害者版』全国障害学生支援センター　二〇一三年

問6 私は聴覚障害があり将来看護師になりたいと思っています。障害のためになれない職業があると聞きました。私は看護師になれますか？

今では、看護師、薬剤師、医師などとして、聴覚障害がある人も働いています。看護師は、病院の臨床のほか、会社の保健室、訪問看護、社会福祉施設などで仕事についた人がいます。就職後に聴覚障害になり、職場で工夫、調整しながら働き続けている人もいます。聴覚障害のある人だけではなく、目の見えない人や、精神疾患がある人もいます。

「障害のためになれない職業があると聞いた」というのは、二〇〇一年六月まで法律が障害を理由に「免許を与えない」としていた「欠格条項」のことだと思います。長年にわたって門前払いしてきた法律が変わり、障害や疾患がある人も、看護師ならば看護、薬剤師ならば調剤、医師ならば診断という、その職業での本質的な仕事ができる状況ならば、免許を交付することになりました。必要に応じて障害を補う手段や代わりになる方法を使うこと、適切な治療を受けていることなども含められました。つまり、法律を見直すなかで、「一人で何もかもできなければだめ」「障害のない人と同じ方法で同じようにできなければだめ」という、それまで当たり前と考えられてきたことについても、見直したのです。

例えば薬剤師法には、患者さんや医師と声で話ができないとだめという理由で、「聴覚言語障害者には免許を与えない」欠格条項がありました。しかし、薬剤師は処方箋を読んで薬を出すことが本質的な仕事です。患者さんや医師などとの連絡や話も、声や電話の代わりに電子メールやＦＡＸや筆談を使うことで確実にできます。免許を交付しない理由はないという議論があって、二〇〇一年七月に薬剤師法から聴覚言語障害の欠格条項が削除されました。

薬剤師法、医師法、看護師法など一連の法律が変わったきっかけは、薬剤師国家試験に合格したにもかかわらず、欠格条項のために免許交付申請を却下された聴覚障害女性が、諦めずに発言を続けたことでした。彼女は二〇〇一年の法改正と同時に免許を手にすることができ、病院で薬剤師をしています。その姿をみて薬学部に進学するなど、後に続く聴覚障害者も出てきました。

一方、視覚障害については「薬剤師免許を与えないことがある」という欠格条項がまだ残されていますが、上記のとおり二〇〇一年までとは異なっています。チームで仕事をしているならば、調剤は目の見える人が受け持ち、薬について医師に問い合わせたり患者さんに説明することは目の見えない人が受け持つなどの方法もあります。そして、薬剤師の仕事や活動の範囲は薬局での調剤だけではなく、調査や研究、スポーツファーマシスト❶など幅広いものです。チーム医療とよくいわれますが、チームでできることがあること、免許を活かす仕事や職場の幅が広いことは、看護師や他の職業についてもいえることです。

障害のある人の受験を考えにいれていなかった国家試験のあり方も二〇〇一年を境に変わりました。医師の場合、目の見えない受験者には点字や音声で試験をする方法も取り入れられました。その後に医師国家試験を受験して合格した、目の見えない医師の一人は、精神科で臨床医をしています。

医療系の学校や学部は、障害のある人の受験を断ることがよくありましたが、二〇〇一年までに比べれば飛躍的に障害のある人を受け入れるようになりまし

❶**スポーツファーマシスト**　スポーツにおけるドーピング防止の専門知識をもつ薬剤師。認定制度があり、スポーツの現場や競技大会など活動は幅広い。選手や愛好者に、薬の正しい使い方の指導、薬に関する健康教育の普及・啓発などを行っている。

た。現在では障害のある従事者の会や学生の会もあり、経験や情報が交換されています。

夢を諦めずに何もないところから道をつけてきた人がいたことで、このように変わってきました。薬剤師免許を手にした女性のほかにも、医師になった後で耳が聞こえなくなり、勤務先の病院に聴覚障害外来を設置して診療を続けてきた人もいました。こうした人たちの訴えが議会や世論を動かして法律を変えました。

そして二〇一六年度からは、「障害の有無によって分け隔てられない共生社会」を目的とする「障害者差別解消法」、合理的配慮の提供を義務づけた「改正障害者雇用促進法」が施行され、学校や職場で活用できるようになっています。

先輩たちからのバトンを受けとって、諦めることなく日々の勉強や仕事のなかで直面する課題や障壁に取り組みましょう。そこで経験したこと、取り組んだことについて、障害がある人と共に学んだり働いたことがまだない人たちにも、後に続く人たちにも伝えましょう。

臼井久実子編著『Q&A 障害者の欠格条項 撤廃と社会参加拡大のために』明石書店、二〇〇二年

問7 障害のある人の雇用における合理的配慮とはどのようなことですか？

障害者の雇用における合理的配慮については、障害者雇用促進法第三六条二、三、四項に定められています。「障害者でない労働者との均等な待遇の確保」と「障害者である労働者の有する能力の有効な発揮」のため、事業主にとって「過重な負担を及ぼさない」限り、「必要な措置を講じなければならない」というものです。障害のない人が保障されている権利を障害のある人にも保障する視点で障害のある人と話し合い、その意向を尊重した合理的配慮の提供が障害のある人の雇用拡大につながります。事業主は「障害者が働きやすい職場は誰もが働きやすい職場になる」という認識をもつことが必要です。

筆者は生まれつき脳性マヒという障害があります。日常生活に電動車いすを利用し、仕事は公立中学校の数学教師をしています（詳しくは三戸学『僕は結婚できますか？』無明舎出版、二〇一〇年）。本稿では公立学校の教員を例に、障害のある労働者の雇用における合理的配慮について、「教師の仕事をするときに必要な合理的配慮」と「通勤時に必要な合理的配慮」に分けて説明します。

筆者は、校内の移動、授業の板書、プリントの配布などさまざまな場面で同僚の支援を受けて働いています。赴任した学校の玄関にスロープや手すりが設置されました。エレベーターがある学校は同僚に頼むことなく、電動車いすで校内を移動できますが、ない学校では同僚に頼んで階段昇降機や同僚の肩貸しで階段の上り下りをします。学校施設のバリアフリー化で、働きやすさが変わります。

支援を行う者の配置も大切です。支援を行う者は、障害者の代わりに仕事をするのではなく、与えられた仕事ができるように障害者を支援することが仕事です。今まで筆者は一人でできる仕事を与えられてきましたが、今後は筆者への合理的配慮となる支援を受けながら仕事をしていきたいと考えています。この認識を同僚と共有したいと考えています。適切な合理的配慮があれば障害者が働くことができることを子どもたちが知るいい機会にもなります。

通勤時における合理的配慮も大きな課題です。公立学校の教員は数年ごとに定期人事異動があり、通勤ルート・移動手段も変更になる場合があります。筆者は現在、通勤手段に公共交通機関のＪＲ、福祉タクシーを利用しています。

自宅や職場から最寄り駅まで移動手段を確保する必要がある場合、雨天時や積雪時を考えると福祉タクシーの利用が安全と考えます。福祉タクシー通勤は公共バス通勤と同様の通勤として扱われ、バスの定期代が通勤手当として支給されています。バスの定期代に比べて福祉タクシーの運賃は格段に高く、実際の通勤費から支給される通勤手当の差額は自己負担です。通勤手当の規定には、障害のある人が福祉タクシーを通勤手段にすることを想定していません。対象者を定め、福祉タクシーに通勤手当を支給するように制度を改善する必要があります。

またＪＲを利用するとき、電車とプラットホームの間に渡り板を取り付ける乗降支援、階段昇降機による階段の乗降支援が筆者の必要な支援です。法律（障害者差別解消法）上、この場合の合理的配慮の提供責任は雇用主（学校）ではなく公共交通機関（ＪＲ）であり、民間事業者には合理的配慮を提供する努力義務があります。

首都圏を除いて、地方の電動車いす利用者が公共交通機関を一般の利用者と同様に利用することは難しい状況です。ＪＲからは最初に次の条件が明示されました。「通勤時に利用する電車時刻を定時にする。突然の電車時刻の変更や午後九時以降の乗降支援は、駅員配置の関係で対応が難しい場合がある」。仕事の都合で出勤時刻や退勤時刻が変更になったとき、事前連絡の場合は対応してもらえましたが、当日の変更や午後九時以降の対応には難色を示されました。

障害のない人と同様に、いつでもどこでもＪＲを利用できるように、障害のある人に必要な移動支援として、車掌室に渡り板を常備して、車掌が障害のある人の乗降支援をすることを提案しましたが、「乗降支援は車掌業務でなく、他の業務に支障をきたすため、車掌の対応は難しい」とのＪＲからの返答でした。

各市町村では、移動支援として、自立生活および社会参加を促すことを目的とした移動支援事業を実施しています。これからの方向性として、通院や余暇活動だけでなく、通勤にも行政サービスを利用できるように制度を拡大する必要があります。働く障害のある人は労働政策と福祉政策の狭間におかれており、両面からの下支えが大切です。

問 8
障害の重い人の雇用には どのような支援が必要ですか？

まず、三つのことについて、整理してみましょう。障害とは何か、障害が重いとはどういうことか、そして雇用とはどういうことをいうのかです。

障害者と聞くと、車いすに乗っている人をイメージするかもしれませんが、実際にはもっと幅広いのです。身体障害者の場合、歩けるけれども手足に障害がある人、視覚、聴覚障害者、内臓などに障害のある人もいます。また、身体障害者以外に知的障害、精神障害のある人もおり、最近は発達障害者、そして難病の人も制度で位置づけられてきています。さらに、法律も、個々人の障害と社会の側との関係で生活などがしにくい人を、障害者というように変わってきています。

では、障害が重いとはどういうことをいうのでしょうか。まず、制度としては、身体・知的・精神それぞれの障害者手帳で、重度から軽度まで等級などが決められています。しかし、手帳では軽度とされる場合でも、実際には、制度が整っていない、周囲の理解がないなどの理由で生活するのが困難な人もいます。

次に、雇用とは何かを考えてみたいと思います。障害者にとって「働く」ことには二つの形があります。一つは、福祉制度を使って作業所などで仕事をすることで「福祉的就労」といいます。もう一つは、会社や市役所などで、雇われて仕事をすることで「雇用労働」といいます。「福祉的就労」の場合は、平均して毎月一～二万円の工賃、「雇用労働」の場合は十数万円の給料が出ているのが現状です。

ずいぶん差がありますし、制度が大きく二つに分かれていることには疑問の声もよく上がります。また、福祉の制度だけれども、会社のように雇われて給料が出る「就労継続支援A型事業所」という仕組みもあります。

さて、以上の整理のうえで、本題に入りましょう。障害の重い人の雇用にはどのような支援が必要かです。まず、実際に働くうえで、仕事を覚えなくてはなりませんが、知的障害のある人などの場合、言葉で説明を受けただけでは難しいのが実際です。そこでジョブコーチというスタッフや職場の同僚などが、モデルとなるやり方を見せたりして、本人の理解を助けます。

また、視覚や聴覚に障害があると、書類が読めなかったり朝礼で言っていることが分からなかったりします。これでは、仕事をする力があっても発揮できないままになってしまいます。ですから、コミュニケーションに障害のある人の場合、点字資料や朗読、テキストデータでの提供、また手話や筆談での情報提供が必要になってきます。最近は、便利なＩＴ機器類も開発されていますが、どの方法がよいのか、本人ともよく話し合ったうえで、活用していくことが重要です。

さらに、仕事をするうえで、介助が必要な場合もあります。パソコンでの仕事は得意だけれども、職場内の移動や食事などを自分ですることは難しい重度身体障害者が、同僚とペアで広報誌づくりを担っている例もあります。この人の場合、同じスペースで仕事をしている同僚が、必要に応じて介助しています。

発達障害の人の場合は、細かいデータ入力はできるけれども、電話に出るのは苦手という人もいます。こうしたことを周囲の人が分かっていないと、本当はできることも、できなくなってしまいます。その意味では、働くうえでの障害が重いかどうかは、本人と職場の環境との関係で決まってくるといえます。

このように、重度障害者の雇用における支援はたくさんありますが、まだ解決していないこともあり、その一つが通勤の支援です。期限のある国の助成金や、一部の市などが行っている一時的な移動支援の制度もありますが、そもそも通勤支援は、福祉と労働、どちらの制度で行うのかといった議論もされています。

そして二〇一八年には、精神障害者の雇用が義務化❶されます。精神障害のある人が安心して医療機関にかかれ、相談できる人がいることなどが課題となっています。

他の障害者にとっても、出勤するために生活リズムを整えるなどの支援が必要な場合もあり、働くうえでは生活面でのサポートも重要になってきます。

最後に、法律が改正されて、会社では採用面接時や採用後に、合理的配慮という工夫をすることが決まりました。これまで述べてきた支援例も参考に合理的配慮が拡がることで、障害の重い人の雇用がより進むことを期待したいと考えます。

杉野昭博編著『リーディングス　日本の社会福祉　第七巻　障害と福祉』日本図書センター、二〇一一年

❶精神障害者の雇用義務化　現在、従業員数50人以上の民間企業は、身体または知的障害者を雇用することが義務となっている。ここに精神障害者も加わることになる。その結果、義務が課せられる企業規模が今よりも小さくなるものと予想される。

問 9 障害が重い人は、地域で暮らせるのですか？

障害が重い人といってもさまざまですが、ここでは、人工呼吸器のような医療的ケアが必要な障害者のことをお話しします。

人工呼吸器というと、どのようなイメージをもちますか。きっと、病院の集中治療室のベッドでたくさんの管につながれて、意識もなく機械で生かされている人、というようなイメージではありませんか。確かに、ひと昔前まではそうだったかもしれません。昔は、人工呼吸器は病院の中でしか使えませんでした。

でも、「このまま、地域の学校も、恋することも知らず、病院の天井だけを見て死んでいくのは嫌だ。三日で死んでもいいから、病院の外で自分らしく生きてみたい」という人たちが現れ、勇気を振り絞って地域に出てきたのです。生活するためにたくさんのボランティアが必要でした。何百万円もする呼吸器を購入するため家を売った家族もいました。当時は、そうした人脈や経済力のある人しか、勇気ある実践はできなかったのです。

それ以降、「医療的なケアが必要な人たちがもっと地域で暮らせるように制度を整えていこう」という流れに変わってきました。一九九〇年には、「在宅人工呼吸指導管理料」が診療報酬で算定できるようになり、在宅で呼吸器を使う場合にも病院からのレンタルが可能になりました。「鉄の肺」といわれたドラム缶状の巨大な人工呼吸器はどんどん小型化され、今では車いすにちょこんと乗せられるサイズになりました。

人手についてはどうでしょう。人工呼吸器ユーザーのうち、喉に穴を開けて呼吸器をつなぐ「気管切開」を受けた人は、「吸引」という介助が必要になります。自分で咳をして出すことができない痰を、吸引機という機械で吸い出す介助です。また、病気の種類や症状によってご飯を口から食べられない人は、直接チューブでお腹に栄養を入れる「経管栄養」という方法で食事をします。

これらの吸引や経管栄養の介助は医療行為といって、お医者さんや看護師さんたちしかやってはいけない行為でした。障害者が地域での生活を送る際、ヘルパーと呼ばれる人たちが介助をしてくれますが、そのヘルパーさんたちは、これらの医療行為ができなかったのです。そのため、吸引、経管栄養は、お医者さんから直接指導を受けた家族しかできず、家族は、一時も休めませんでした。

しかし、二〇一二年から法律が変わり、この医療行為についての「第三号研修」を受けたヘルパーは、この介助をやってもいいことになりました。

もうひとつ、呼吸器ユーザーの地域生活のために整えておかなければならないのは、災害時の備えです。人工呼吸器は常に電源が必要です。病院にいれば停電がおきてもバックアップ電源がありますが、在宅にはそのような設備がないため、いざという時には予備バッテリーが必要になります。しかし、少し前までバッテリーは自費で購入しなければなりませんでした。外部バッテリーは、五万〜二〇万円くらいするものもあり、しかも、数年で劣化して買い換える必要があることから利用者にとって大きな負担となり、持っている人はあまりいませんでした。

そんな時、あの三・一一東日本大震災がおこったのです。現地では、多くの呼

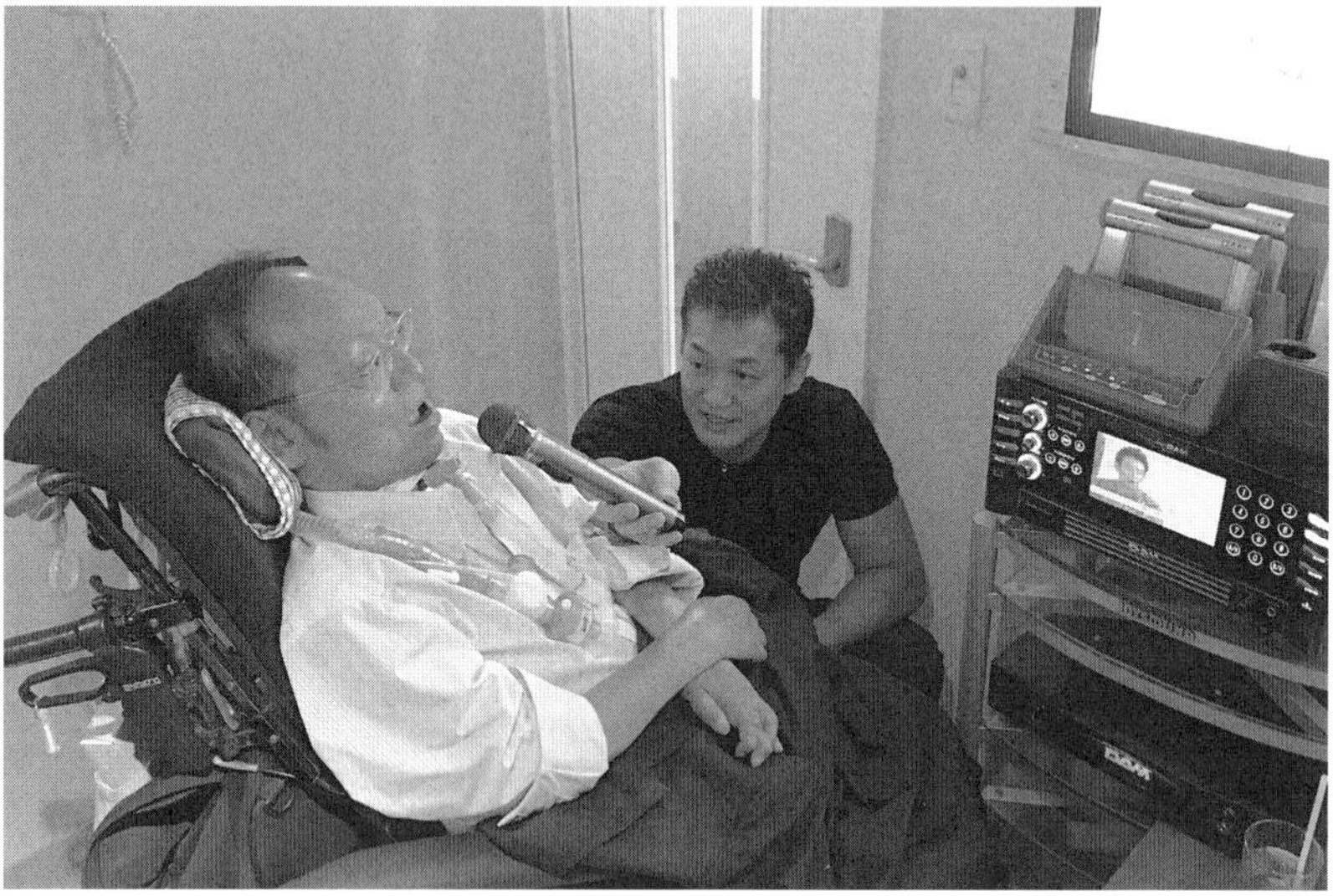

カラオケを楽しむ小田政利さん。手足はほとんど動かないが、人工呼吸器を使用しながら自立生活をしている。（写真提供・小田政利さん）
参考：呼ネット～人工呼吸器ユーザー自らの声で http://conetnet.web.fc2.com/

吸器ユーザーが亡くなりました。東京でも「計画停電」により、電源確保のためだけに避難入院せざるを得ない人もいました。「近い将来、関東大震災がおきたら……。各地で同じような大震災がおきたら……」という不安に駆られた呼吸器ユーザー当事者を中心に、関係団体連名で、東京都と厚生労働省に緊急要望書を提出しました。「呼吸器ユーザーに予備バッテリーを無料配布してください！」。

　東京都はすぐに補正予算を

組み、震災の年の九月以降、呼吸器を使っている都民に必要な対策を取りました。その翌年、厚生労働省でも医療報酬の見直しが行われ、全国の呼吸器ユーザーが、予備バッテリーを保険でレンタルできるようになったのです。

今では、訪問看護師や往診医と連携しつつ、ヘルパーなどの支援者のサポートを得て、病院ではなく地域で生活する呼吸器ユーザーは二万人を超えています。

障害にはさまざまな重軽度がありますが、地域での生活を獲得するために、当事者が闘って勝ち取ってきた、ということは共通しています。そして「どんなに重い障害があっても、一般の社会から隔離された場所ではなく、地域で当たり前の生活をしたい」という障害者の思いを受け止める地域の人たちの存在がとても大きいのです。

海老原宏美・海老原けえ子『まぁ、空気でも吸って―人と社会：人工呼吸器の風がつなぐもの』現代書館、二〇一五年

問10 障害のある人のための施設建設に反対する運動があることを新聞やテレビで知りました。どういうことですか？

障害のある人たちの働く場やグループホームなどを建設しようとする計画が地域住民などの反対によってなかなか進まなかったり、中断したりすることを「施設コンフリクト」といいます。

「コンフリクト」には「争い」「対立」「摩擦」といった意味があり、施設コンフリクトは「人権摩擦」ともいわれます。

二〇一四年一月にＮＨＫで放映された施設コンフリクトに関する番組によると、ここ五年間で六〇件程度のグループホーム建設に対する反対運動がおきていると報じられていました。そして、六〇件の反対運動のうち、建設を断念したり、建設予定地を変更せざるを得なかったりしたケースが全体の半数以上の三六件であったとも報じられていました。

さて、このような施設コンフリクトは、なぜおこるのでしょうか。

地域住民が反対する理由でよく聞かれるのは、「施設は必要だと思うが、なぜ、この場所なのか」「障害者は何をするか分からないので、危険で不安」「行政が住民に迷惑施設を押し付けている」などがあります。

これらの言葉が発せられる背景には、障害のある人たちのことをよく知らない、誤解や偏見、行政に対する不信感などがあると考えられ、特に、精神障害者に対する誤解や偏見は根強く、新聞やテレビで報じられる凶悪犯罪がおきるのではないか、何かおこったら誰が責任を取るのか、などの意見を聞きます。

しかしながら、多くの住民は、障害のある人のことや国の障害者施策に対する考え方をよく知らず、誤った情報や偏見にもとづいて意見をしていることも少なくないといえます。

よくいわれる精神障害者の犯罪については、二〇一五年の犯罪白書などのデータによると、精神障害者の犯罪率は〇・一％で全人口の犯罪率〇・二％（推計）と比較しても、決して高くはなく、こういった誤解や偏見は、マスコミなどによる不正確な報道や情報、古くからの慣習や風評によるところが大きいと思われます。

身近なところで障害者と接する機会が少なければ、知らないことに対する不安や恐れは誰もがもつものです。

しかし、実際に障害のある人の体験談などを聞いてもらったり、障害のある人たちが通う施設を見学してもらったりすると、「自分たちがイメージしていたこととは違った」と徐々に理解を示してもらえることがあります。

日頃より、障害のある人もない人も同じ教室で学んだり、同じ職場で働いたり、地域で一緒に生活をしていれば、もっとお互いのことがよく分かりあえるといえます。

必要以上の不安や恐れ、誤解や偏見を生む責任は、障害の有無によって分けてきた「社会」の側にあるのかもしれません。

障害者差別解消法の付帯決議では、「国及び地方公共団体において、グループホームやケアホーム等を含む、障害者関連施設の認可等に際して周辺住民の同意を求めないことを徹底するとともに、住民の理解を得るために積極的な啓発活動を行うこと」と施設建設について、行政が施設建設をする法人や団体などに対して住民同意を取り付けることを条件としてはいけないとしており、行政の姿勢が施設コンフリクト解消のための大きなカギであるといえます。

そして、施設コンフリクトの解決の過程でよく聞くのは、「反対をしている人の数はそれほど多くはないが声が大きい。反対をしている人とだけ向きあうのではなく、賛成している人を増やすことが大切だ」ということです。いざ、施設ができれば、それまで一番反対をしていた人が、一番の協力者になったという話も耳にします。

さらに、このような施設は、決して迷惑施設ではなく、地域住民が集う場や災害時の防災拠点にもなる可能性を秘めており、障害のある人たちが暮らしやすい地域は、全ての住民にとっても暮らしやすい地域といえます。

障害者差別解消法をテコに、対立ではなく、対話によって、お互いが知り合うことで、施設コンフリクトが解消され、共生社会の実現が進むことを強く願うものです。

問11

両親亡き後の知的障害者を成年後見人が遠方の施設へ入所させようとしています。本人が望む住み慣れた地域で暮らせませんか？

まず、成年後見人という制度は、なぜ必要とされたのかを考えてみましょう。

わが国の福祉サービスは、二〇〇〇年以降順次、利用者とサービス提供事業者の間の契約によることになりましたが、一定の利用者は契約当事者としての能力が欠如していると見なされていることから、契約という法律行為を支援する方策の制定が必要となり、新しい成年後見制度が作られました。

ということは、契約する本人と福祉サービス提供事業者の両者の利益を守るために作られた制度なのです。つまり、福祉サービスを利用する本人の利益を真に支援する何らかの仕組みを持たなければ、福祉サービスを提供する事業者の利益に偏りがちになりかねません。

この設問では、二つのことが重要です。一つは、本人の意思や希望です。二つ目は、成年後見人の判断と役割です。ここでは、本人が住み慣れた地域で暮らしたい意思を明確にされているわけですから、それが最も重要な判断基準です。

成年後見制度ができた二〇〇〇年以降の最も大きな変化は、二〇〇六年の障害者権利条約と二〇一四年の批准、およびそれに伴う障害者基本法改正や障害者差別解消法制定です。

権利条約第一九条には、「(a)障害者が、他の者との平等を基礎として、居住地を選択し、及びどこで誰と生活するかを選択する機会を有すること並びに特定の生活施設で生活する義務を負わないこと」とあります。それをふまえて、改正障害者基本法第三条では「二　全て障害者は、可能な限り、どこで誰と生活するかについての選択の機会が確保され、地域社会において他の人々と共生することを妨げられないこと」とされています。

この事例では、本人が、どこで生活するのかの意思を明確にしているわけですから、それを支援することが、成年後見人や福祉関係者がまず第一にすべきことです。

では、もし本人がその意思を明確にしていない場合にはどうすればいいのでしょうか。その場合は、成年後見人が、勝手に施設入所を判断していいのでしょうか。

権利条約第一二条には「二　締約国は、障害者が生活のあらゆる側面において他の者との平等を基礎として法的能力を享有することを認める。三　締約国は、障害者がその法的能力の行使に当たって必要とする支援を利用する機会を提供するための適当な措置をとる」とあります。全ての障害者の法的能力を前提として、その代理ではなく、その行使の支援、つまりは本人の意思決定・意思表明への支援が第一に重要なのです。

わが国の改正民法第八五八条にはこうあります。「成年後見人は、成年被後見人の生活、療養看護及び財産の管理に関する事務を行うに当たっては、成年被後見人の意思を尊重し、かつ、その心身の状態及び生活の状況に配慮しなければならない」。

わが国の民法でも本人の意思の尊重は当然のことであり、その意思の決定を支援し、それをふまえた福祉サービス支援を行わなければなりません。その意味で、この事例の成年後見人の判断には、大きな問題があります。

では、このような判断の誤りを引き起こす原因はどこにあるのでしょうか。

一つは、知的障害者本人の意思を重要視しない、これまでの社会通念です。「どうせ、本人はよく分かってはいないのだから」とか、「地域で暮らしていて何かあったら誰が責任を取るのだ」といった考え方です。

二つ目は、本人が地域で暮らすにあたって、必要な福祉サービスなどの支援サービスが不足しているという問題です。権利条約第一九条の(a)項の後にはこうあります。

「(b)地域社会における生活及び地域社会への包容を支援し、並びに地域社会からの孤立及び隔離を防止するために必要な在宅サービス、居住サービスその他の地域社会支援サービス（個別の支援を含む。）を障害者が利用する機会を有すること」

それが不足しているから施設入所しかないと成年後見人が判断したのだとすれば、成年後見人は本人の権利擁護者としての役割を放棄・逸脱しているといわざるを得ません。

三つ目は、わが国ではこれまで、支援を必要とする障害者の支援の多くはその家族が担い、家族が担えなくなれば、施設入所しか選択肢がなかったという問題です。

障害者権利条約第一九条が、本人の地域での生活の選択権を認め、第一二条が、その選択にあたって、本人の意思の尊重と意思決定に必要な支援を明確にし、それをふまえて障害者基本法を改正した以上、本人の選択に資する地域生活支援を、本人やその家族と共に要求し、闘い取ってゆくことが、本人の権利擁護者としての成年後見人の使命であり役割でなければならないのです。

その際、本人がこれまで使っていた福祉サービスなどの関係者、とりわけ本人のサービス等利用計画を本人と共に作成する相談支援専門員や、介護保険のサービスも使っている場合にはケアマネジャーとの連携が不可欠です。さらに本人の友人や地域の関係者との連携も大切です。

問12 重い障害のある男性は家族を養えないし、女性は家事や子どもの世話もできないので、家族の負担が大変なのではないでしょうか？

障害者権利条約の第二三条一－(a)項には、障害のある人の結婚や養子縁組を含めて家族を築く権利が書かれています。重度の障害のあるカップルで、それぞれの介助者を使って結婚（同居）生活を送っている人たちがいます。自分でできなくても介助者に指示をし、家事などをこなすことは可能です。また、男性が働きに女性が家事や育児を担う（固定的性別役割分業）と決めるのではなく、どちらかできるほうが行う、あるいは双方が交替して行うことで、どちらか一方に負担が重くなることを避けることもできます。

そして同条一－(c)項に、生殖能力を保持し出産について決定する権利、第二五条には性と生殖を含む保健の提供についても書かれています。

しかし、かつて日本には、「優生上の見地から不良な子孫の出生を防止する」ことを目的とした「優生保護法」（一九四八〜一九九六年）という法律がありました。ここでは主に知的や精神に障害のある人を対象に、不妊手術を本人の同意なしに行えるとされました。また厚生省（当時）の通達には、本人が拒否した場合には、身体を拘束したり麻酔薬を用いたり、だましたりして、強要してもよいとまでされたのです。さらにこの法律の目的・方法の範囲を逸脱して、「月経介助が大変、月経時は精神が不安定になる」との理由で、子宮摘出や放射線照射といった生殖機能を失わせる手術が行われたのです（法律では精管や卵管を縛ったり切断する手術のみに限定していました）。

統計で明らかになっている約一万六〇〇〇人のうち約七〇％が女性でした。この手術は自治体が積極的に関わり、施設職員や民生委員など地域ぐるみで行われ、推奨されたのです。その後、障害者や女性の団体からの強い反対の声が上がり、優生思想にもとづく条文が廃止され一九九六年に母体保護法に変わるまで、約五〇年もの間施行されたのです。

これまでに国連の人権規約委員会から二度、調査や被害者への謝罪、賠償を行うようにという勧告が出されましたが、国は「当時は合法だった」として聞き入れませんでした。しかし、同じような法律のあったドイツやスウェーデンでは、すでに被害者への謝罪や賠償が行われており、日本でもハンセン病回復者に対して、謝罪・賠償を行っています。二〇一六年三月に女性差別撤廃条約委員会から、より強い勧告が日本政府に出されたことで、同年四月に国が被害者女性から話を聞き取り、調査していくことを約束しましたが、いまだ障害者に対する謝罪などはなされていません(二〇一六年一〇月現在)。

この強制不妊手術が過去の問題でないことは、被害者のその後の人生に与えた影響や体調不良ということだけでなく、法律が無くなっても障害者が子どもをもつことを反対されることが多いということです。そのなかでも女性に障害がある場合、薬を服用しているなどで障害児が生まれる可能性が高いとして中絶を勧められることがあります。そして遺伝性の障害のある場合、「遺伝を止めなくてはいけない」という抑圧を強く受け、自分自身で子どもをもつことを戒め、諦めてしまう人もいます。

また福祉サービス制度も、障害のあるカップルが家庭をもち子どもを育てるということ自体想定していません。子どもの保育園への送迎をしたり、料理・洗濯・掃除といったことをしたいと思っても、障害のある人が家族のために制度を使って行うことは、原則としてできないことになっています（通達や自治体の判断により、一部認められていることもあります）。

どんなに重い障害があっても、本人や家族にだけ負担を強いるのではなく、あらゆるサービスにアクセスできる環境があれば、障害のない親や子どもと何ら変わりありません。それにはまず人々が障害への正しい知識をもち、理解していくことが不可欠であり、障害のない人がアクセスできる社会サービスに、障害のある人も当たり前につながることができるようにすることが必要です。

障害のある親もない親も、一人の人間を育てていくことは大変です。そして、育児をすることだけでなく、シングルであったり、子どもをもたなかったり、同性同士のカップルにとっても、周囲からの多くの支援を受けられるようにすることが、障害のある人だけでなく誰にとっても生きやすい社会となるのです。

DPI女性障害者ネットワーク編・発行『障害のある女性の生活の困難―複合差別実態調査報告書』二〇一二年

地域で暮らし子育てをする重度の障害をもつ夫妻、小島万智さん、功さん
（提供・朝日新聞社）

問13

身体介護のヘルパーを使って生活しています。六五歳になると介護保険に移らなければならないと聞きましたが、不安です。

これまで、障害者総合支援法（以下、総合支援法と略）のヘルパーを使って生活していた人が、六五歳になると、介護保険に移行しなければならないということは、よくいわれます。特に、市町村の障害福祉担当者から聞くことが多いと思います。

介護保険に移行すると、ヘルパーの派遣時間が、総合支援法に比べて、かなり少なくなるという実態があり、これまでどおりの生活が難しくなるという不安も当然なものです。

ひどい例では、これまで通っていた生活介護事業所や、重度訪問介護の支給決定を、六五歳到達とともに、突然全て打ち切られ、市町村に窮状を訴えても、

❶　障害者の日常生活及び社会生活を総合的に支援するための法律に基づく自立支援給付と介護保険制度との適用関係等について（平成19年３月28日障企発第0328002号／障障発第0328002号　各都道府県障害保健福祉主管部（局）長あて厚生労働省社会・援護局障害保健福祉部企画課長障害福祉課長通知）

「国からの指導」の一点張りではねつけられたという例もあります。

厚生労働省が二〇一四年に行った全国調査でも、六・七％の市町村が、障害福祉サービスの利用申請を却下し、介護保険との併給を認めた場合でも、国の定めた条件より厳しくしている自治体が二八・六％もあると報告されています。

これは、総合支援法の第七条に「自立支援給付は、当該障害の状態につき、介護保険法の規定による介護給付、健康保険法の規定による療養給付などのうち自立支援給付に相当するものを受け、又は利用することができるときは政令で定める限度において、行わない」（一部省略）と書かれているからです。

しかし、この法律文をよく見てみると、実はオール・オア・ナッシングではないことも見えてきます。

厚生労働省は、自立支援給付と介護保険制度の適用についての課長通知❶にて、「一律に当該介護保険サービスを優先的に利用するものとはしない。市町村において、障害福祉サービスの利用に関する具体的な内容（利用意向）を聴き取りにより把握した上で、支援内容を介護保険サービスにより受けることが可能か否かを適切に判断すること」。「サービス内容や機能から、介護保険サービスには相当するものがない障害福祉サービス固有のものと認められるもの（略）については、当該障害福祉サービスに係る介護給付費等を支給する」。

具体的な運用として、「在宅の障害者で、障害福祉サービスについて適当と認める支給量が、介護保険の居宅介護サービス費の制約から、介護保険のケアプラン上において介護保険サービスのみによって確保することができないものと認められる場合」「介護保険サービスによる支援が可能な障害者が、介護保険法に基づく要介護認定等を受けた結果、非該当と判定された場合など、当該介護保険サービスを利用できない場合であって、なお申請に係る障害福祉サービスによる支援が必要と市町村が認める場合（介護給付費に係るサービスについては、必要な障害程度区分が認定された場合に限る。）」（一部省略）としています。

まとめていうと、障害者が必要なサービスが介護保険にない場合や、同様のサービスがある場合でも、介護保険では足りない時などは、総合支援法の福祉サービスが使えるということになります。さらに、一部の市町村では、六五歳以降に、新たに総合支援法の申請を認めないといった内部規定を設けているところもありますが、これは、総合支援法違反となります。

最後に、障害者総合支援法と介護保険の同じ点と、違う点を、明確にしておきたいと思います。

同じ点は、どちらも申請主義といって、本人による申請が原則です。ですから、納得がいかない場合は、介護保険給付の申請をしないこともできます。市町村の職員は執拗に介護保険申請を勧めてくることが多いですが、あくまで申請するのは本人なので、納得できない場合は、申請する必要はありません。

違う点は、同じ介護保障でも、総合支援法のほうは、全ての障害者の社会参加の機会とどこで誰と生活するかについての選択の機会が確保され、地域社会において他の人々と共生することを妨げられないことが法の基本理念に組み入れられていることです。介護保険のほうは、その有する能力に応じ自立した日常生活を営むことができるよう、必要な保健医療サービスおよび福祉サービスに係る給付を行うためとだけしか書かれていません。介護保険は、もともと社会生活を営んでいた人が、高齢になって介護が必要になった場合を主な対象者としており、在宅での給付が、特別養護老人ホーム入居費用を超えない形で制度設計されています。

問14

尊厳死の法律化に反対している障害者がいるのはなぜですか？

一言でいえば、重度障害者の生を「無駄」「無意味」として、死んだほうがましとすることを「尊厳死」といい、そのためには法律が必要だという話だからです。障害者を侮蔑する法律案であることが、健常者には気がつきにくいものです。私も尊厳死は誰にとってもよいことだと思っていたときがありました。

私が三三歳の厄年の時に、母がＡＬＳという病気になりました。ＡＬＳの進行は早く、発症から一年以内に気管切開となり人工呼吸器をつけました。手術前に医者から説明があって、呼吸器をつけたとしても障害は重度化していくから、療養生活は耐え難いものになるだろう、ということでした。

呼吸器を付けずに亡くなることも「尊厳死」と呼ばれ、「尊厳死」したという

ＡＬＳ患者の話は今でもよく聞きます。娘さんに介護で苦労させたくないから、呼吸器を拒否して窒息死した母親の話などです。母の介護を始めた当初は「尊厳死」とは立派な行為だと感心して、聞いてきた事実を母に話しましたが、母は怒ってしまって、しばらく口を聞いてくれませんでした。

母には死ぬ覚悟も生きる覚悟もどちらもありませんでした。ですから救急車で病院に運ばれて、成り行きで呼吸器が着きました。在宅に戻ってからも、ただ、どんどん悪化していきました。私は母がかわいそうでたまらず、呼吸器を外してあげなければならないという勝手な思いにとらわれました。それは、本人の意思を確かめることなく死なせるという計画でした。私は母を安楽死させる手だてを探しました。しかし、日本では殺人罪です。それで、オランダのように安楽死を合法化したいと思い詰めて勉強を始めました。やがて、ドイツのＴ４作戦、世界的な安楽死運動の拡大、ＡＬＳからの呼吸器外しをめぐって、医者や学者の間で論争が繰り広げられていることなどを知りました。死なせて楽にしてあげなければならないという慈悲の根っこには、障害者差別や優生思想があります。それは、障害のある人の必死の生を否定します。こうして、私はやっと人間の傲慢《ごうまん》さに気づきました。かわいそうと言いながら、放置し無視し差別していることに。その待遇が、その眼差しが、その人から尊厳を奪ってしまっています。死を選ぶようにしむけて何が「尊厳死」でしょうか。

治療を拒否して死ぬためにリビング・ウィルを書いておくといいといわれます。リビング・ウィルとは、救命治療を拒否する旨を文章にまとめておき、治療の際に医師に提示するものです。そして、これを法制化しようという動きがあるたびに、障害者や難病患者の団体は反対してきました。

日本でも二〇〇六年ごろから、医師の独善による治療停止（殺人）が相次ぎ、社会問題になり、その対応を求められた厚生労働省は二〇〇七年「終末期医療における決定プロセスに関するガイドライン」を作成しました。ところが、ガイドラインでは、医師の免責も治療停止もできず、やはり法律が必要とされて、超党派の尊厳死議連により「尊厳死」法案が作成されました（「終末期の医療における患者の意思の尊重に関する法律」案の全文はhttp://mitomenai.org/billで読めます）。

この法が成立すると、患者の意思の尊重ではなく、医師の免責の手続きのために、治療停止が行われるようになります。医師・患者間のコミュニケーションは削られ、たった二人の医師で「終末期の判定」、そして「延命措置の不開始・中止」への直線的な展開で、患者はスピーディーに看取られることになります。

医療倫理と医師の態度は、法律に合わせて変化します。さらにいえば、法案には公共機関でリビング・ウィルを啓発し、普及するという記述もあります（第三条）。リビング・ウィルを書かないものは公共意識が低いということになりかねません。法制化推進派は「そうではない。リビング・ウィルを書く・書かないは個人の自由だ」といいますが、法律で終末期を一律に定義するからには、終末期判定後のがん治療、透析、高齢者への医療保険の適応が制限されることは予想できます。こうして世界に誇れる日本の国民皆保険制度も、終焉を迎えていくことになります。

同じ社会に生きる誰もが、よりよい生を追求し続けることを認め合うことが、終末期医療を充実させます。しかし、実際は、よい生を生きるための自己決定権の範疇《はんちゅう》が、死の自己決定にまで及んでいます。最期までよりよく生きることを諦めない（終末期）医療のあり方を考えていきたいものです。

川口有美子『逝かない身体―ALS的日常を生きる』医学書院、二〇〇九年

問15

バリアフリーの法律とはどのようなものですか？　日本のバリアフリー整備は進んでいるのでしょうか？

交通機関を利用して自由に移動し、コンサートやスポーツを観戦し、買い物や食事を楽しむ、ホテルに宿泊できるといったことは誰にとっても不可欠なことです。今では都市部では駅にエレベーターがあるのが当たり前ですが、二〇〇〇年まではほとんど整備されていませんでした。一九八〇年代からの障害当事者の粘り強い運動によって二〇〇〇年に交通バリアフリー法が施行され、バリアフリー整備が進んでいます。

◉バリアフリー法と現状

一九九四年に大規模な建物のバリアフリー整備を定めたハートビル法ができ、二〇〇〇年には公共交通機関のバリアフリー整備を定めた交通バリアフリー法が施行されました。二〇〇六年にはこの二つの法律を合わせて、一体的・総合的なバリアフリー施策を推進するためにバリアフリー法となりました。バリアフリー法は、高齢者、障害者（身体・知的・精神・発達障害者を含む全ての障害者）、妊婦、けが人などが移動や施設を利用できるように、公共交通機関、建築物、公共施設のバリアフリー化を推進するものです。

まず、①国がバリアフリー施策の基本方針を定めます。鉄道、バス、船、飛行機、タクシー、道路、建築物、公園、駐車場、信号などで数値目標が定められています。例えば、一日の乗降客三〇〇〇人以上の駅は二〇二〇年度末までのバリアフリー化を一〇〇％の駅が達成するといったことです。

次に、②この目標に沿って事業主が整備を進めます。新しく駅や建物をつくる場合は、バリアフリー化基準（移動円滑化基準）に沿って整備することが義務付けられています。既存の建物は義務ではありませんが、基準を守るように努力義務が課されています。また、視覚障害者や聴覚障害者に緊急時を含めて情報を分かりやすく提供することも求めています。さらに、職員には研修を行い、マニュアルを整備するように努めるべきとされています。

そして、③市町村は利用が多い地域などを重点整備地区に定めて整備の基本構想を定めます。

この法律により二〇〇〇年以降は飛躍的にバリアフリー整備が進みました。国土交通省は毎年バリアフリー整備状況を発表していますが、二〇〇二年度末には一日の乗降客五〇〇〇人以上の駅で段差を解消した駅は三九・三%でしたが、二〇一四年度末では九一・五%になっています。わずか二〇年もたたないうちに劇的に社会が変わりました。

◉世界の基準

バリアフリー法を一〇〇%達成すれば、理想とするバリアフリー社会になるかというと、残念ながらそうではないのです。バリアフリー法は二〇〇〇年にできた法律なので、今では国際的なバリアフリー基準から大きく遅れを取っています。例えば、アメリカにはADA（障害をもつアメリカ人法）という法律があり、劇場やスタジアムでは車いす用席は〇・五%以上作ること、同伴者席は隣に設けること、前の人が立ち上がっても視界がふさがれないように高低差をつけて視界を確保すること（サイトライン）などの基準があります。しかし、バリアフリー法にはこれらの基準がありませんでした。そのためせっかく新築したホールでも整備が不十分で、健常者と同じように楽しむことができないものがほとんどです。二〇〇六年に障害者権利条約が制定され、国際的なバリアフリー整備基準としてIPC（国際パラリンピック委員会）アクセシビリティガイド❶が策定されました。障害者と健常者の場を分けないインクルーシブ視点でつくられており、バリアフリー法にはない基準も多く、大変素晴らしいガイドラインです。

◉今後の課題

生活スタイルの変化に合わせた基準の見直しが必要です。例えば、バリアフリー法ではエレベーターのサイズは駅の規模に関係なく一律に一一人乗り以上となっています。現在はベビーカー、スーツケースなどを利用する人が格段に増え、大きな駅ではエレベーター前はいつも行列という状況です。駅の規模に応じてエレベーターの大型化、複数ルート化が必要です。さらに、対象を広げることも必要です。デパートや劇場、ホテルなどは特別特定建築物とされ、床面積が二〇〇〇m²以上のものがバリアフリー化基準を義務付けられています。しかし、私たちが日常的に利用する飲食店や店舗のほとんどがこれより小さいものです。その結

❶IPCアクセシビリティガイド　一般的には、国際パラリンピック委員会（IPC）がまとめたバリアフリー整備のガイドライン。オリンピック・パラリンピックの競技会場だけにとどまらず、社会全体のアクセシビリティの基準をまとめたものである。

果、なかなか整備が進んできませんでした。

世界の基準を取り入れ、時代とともに変わる生活スタイルの変化にも対応し、これまで整備が進まなかった分野にも対象を広げ、法をバージョンアップさせていくことが必要です。

問16 情報アクセスとコミュニケーションに困難のある障害者が暮らしやすくなるためには何が必要ですか？

◉視覚障害者

世の中には、多くの文字情報があふれています。視覚障害者は、これらへのアクセスが制限されており、極めて限定的な形で情報を得ていることになります。

私たちの基本的な権利の一つとして挙げられる選挙権を例にとると、視覚障害者が点字で投票することは、一九二五年の改正衆議院議員選挙法以降認められています。しかし、選挙の通知や広報については、対応が自治体によって異なり、情報保障がきちんと提供されているとはいえません。視覚障害者の参政権を保障するためには、こういった選挙に関する情報の提供が不可欠といえます。

共に学ぶインクルーシブな教育は、障害者が普通に社会参加していくためには不可欠です。以前は、視覚障害者は盲学校に進学することが当たり前で、通常学級に入学しても公的な支援は得られず、教科書やその他のテキストは両親やボランティア頼みでしたが、近年では教科書を点訳する際の支援などが受けられるようになってきました。しかし、大学や専門学校では、これらの支援は提供されておらず、障害者が受けられる支援は学校によって大きく異なっており、本人の負担が大きくなっている場合もあります。

日本で一年に出版される書籍は、七万数千冊に上るといわれますが、製作される点字図書や音訳図書の数は、そのうちの数%でしかありません。かつては、点訳も手作業だったため、一冊の点訳図書を何人もの視覚障害者が読んでいましたが、近年では、点訳・音訳した書籍はデータ化され、一冊のデータで多くの視覚障害者が読書を楽しめるようになりました。日本では、点訳や音訳を多くの地域のボランティアの方たちが担っており、引き続きボランティアの養成が必要です。また、視覚障害者の読書環境を広げるためには、出版元による書籍のテキストデータの提供、アクセシブルな電子図書の利用、国会図書館・大学図書館などの図書データへのアクセスの保障などを検討していく必要があります。

新聞や雑誌を読み、新しい情報を得ることも、視覚障害者にとってはまだまだ十分保障されているとはいえません。インターネットなどを利用して、一部の新聞社の情報を得ることが可能になっていますが、全ての新聞や雑誌の内容が自由に閲覧できる状況とはいえません。

視覚障害者にとってかなり限定されていた情報へのアクセスは、画面を読み上げるソフトを利用したパソコンの利用、スマートフォンなどの普及などによって、近年大きく変化しています。しかし、パソコンやスマートフォンが、視覚障害者に十分普及しているとはいえません。これらの普及を促進するためにも、画面読み上げソフト、タブレット、スマートフォンの購入を支援するための補助金の拡大、パソコンやスマートフォンを利用するための学習の推進が必要です。さらに視覚障害者への配慮がされていないソフト、アプリ、ウェブサイトも存在するため、これらのアクセシビリティの保障を義務付ける制度も必要です。

新しい技術によって、視覚障害者の生活は一変したといえます。しかし、日常生活を送るなかで最も必要なことは、周りの人たちからの支援です。買い物、レストランでの食事、銀行での手続き、通院、単独歩行での外出など、周りの人からの声掛けや支援によって、視覚障害者のさまざまなバリアを取り除くことができるのです。

◉聴覚障害者

聞こえない人は外見では判断しにくいため、障害が軽いと思われがちです。しかし、耳に障害があると周りの情報が入らないため、何がおこっているのか状況をつかめないのです。また、周りの人とのコミュニケーションができないため、相手の言いたいことや考えが分からずに、トラブルがおきることがあります。

三つのトラブルの例を出して、お話ししたいと思います。

一つは、買い物の場面です。レジで店員から、「ポイントカードをお持ちですか?」「お箸は要りますか?」など聞かれることが多いでしょう。しかし、その時に何も返事せずにいると、「失礼な人だ」と思われるでしょう。それは、言われたことが聞こえないために返事しなかっただけです。お箸、スプーンなどの現物や、ポイントカードのイラストが書いてある紙などを示してもらったら、返事できます。音声でのコミュニケーションができなくても、現物を示したり、身振りや手話を交えてくれたら、聞こえない人は安心して買い物ができます。

次に多いのは、職場での場面です。ここでも音声でのやりとりが中心です。もっとも望ましいのは、朝礼や業務指示などの時に手話通訳などのコミュニケーション支援者を付けることです。しかし、付けてもらうことができない状況があります。付けることが難しい時は、前もってメモを作成して聞こえない人に渡したり、業務指示の際によく使われる言葉をカードにして示したりするなどの工夫がいるでしょう。

また、職場ではチームで仕事を進めることが多くありますが、聞こえないために周囲の状況が分からず、人間関係がこじれるケースが多々あります。職場の同僚が周りの状況を聞こえない人に伝え、今、何が大切なのかを伝えることができるような円滑な人間関係を築くことも大切です。小さな誤解が大きなトラブルにならないようにするための工夫が必要です。

三つ目に、公共交通機関やデパートなどでよくある例です。通路に立っている人の背後で、聞こえる人が「すみません!」と声をかけても、避けてくれないことがあります。そして、返事が無いので、背中を強く押す人がいますが、危険です。「もしかしたら聞こえない人では?」と想像し、聞こえないと分かった時には、肩を軽く叩いたり目を合わせるなどすれば、聞こえない人も気づきます。

聞こえない人への具体的な配慮については、全日本ろうあ連盟が発行した書籍『よくわかる！　聴覚障害者への合理的配慮とは？』が詳しいので、参考にしていただければ幸いです。他人を思いやる優しさが、これからの社会を大きく変えてくれることを確信しています。

◉難聴・中途失聴者

声を大きくしても、聞こえにくい人の聞こえがよくなるわけではありません。聞こえにくい人へのサポートについて考えてみましょう。


聞こえない・聞こえにくい障害は外から見えないので、周りに聞こえない人がいることがなかなか分かりません。話をして、何か通じていないと感じたら、その人は聞こえていないのではないかと考えてください。普通の大きさの声で、相手の顔を見て、少しゆっくりと、文章を区切って話しかけてみてください。そうした話し方をすると、聞こえない人はニッコリ反応するかもしれません。完璧ではなくても、少し聞き取れるだけで、人はずいぶん親しくなることができます。

そして、うるさいところから静かな場所に移ると、聞こえは見違えるように改善されます。騒音は聞こえにとって大きな妨げになります。

聞こえに困っている人は、聞こえを取り戻そうと補聴器を使用します。補聴器を使ってもその改善が難しくて、人工内耳の手術をする人も増えています。補聴器を使っても人工内耳の手術をうけても、聞こえが完全に戻るわけではありません。補聴器を使っている人、人工内耳を装用している人を見たら、普通の大きさの声で、相手の顔を見て、ゆっくりと、文章を区切って話しかけてください。

聞こえない・聞こえにくい人は周りの人とコミュニケーションをするために、いろいろな努力をしています。しかし、完全ではない聞こえで生活していくにはさまざまな困難があります。そのような困難を少なくし、聞こえない人が暮らしやすい社会にするためには、周りの人や社会の聞こえない人への歩み寄りが求められます。それが「情報保障」です。

聞こえない人への最も身近にある情報保障は「筆談」です。筆談はほとんどの人が、やろうと思えばできます。書くのが大変だったら、スマートフォンの文字入力や音声認識を使う方法もあります。「筆談を文化に！」、筆談が当たり前に行われる社会を私たちは求めています。

今、さまざまな生活場面で文字表示が増えています。テレビ字幕に続いて、電車やバスのモニターに文字表示されることも多くなりました。レジで金額が表示されるのはとっても助かります。社会には音声による情報が満ち満ちています。「全ての音声情報に文字表示を！」。私たちはそのような社会を求めています。

聞こえない人は手話通訳や要約筆記を利用します。この利用については、聞こえない人・支援する人の長い取り組みがありました。そして、障害者差別解消法の施行に伴い、今までの行政による福祉サービスを越えて、会社や病院などが手話通訳者・要約筆記者を準備することも増えてきています。情報保障の公的な支えとして、「いつでも・どこでも利用できる」手話通訳・要約筆記制度の整備を私たちは求めています。

◉盲ろう者

目と耳の両方に障害を併せもつ人を「盲ろう者」と呼びます。身体障害者手帳に、視覚障害と聴覚障害の両方が明記されていれば、「盲ろう者」とされています。二〇一二年度の全国盲ろう者協会の調査によると、全国に、少なくとも約一万四〇〇〇人の盲ろう者がいることが分かっています。

盲ろう者が人と会話をする時は、主に触覚で分かる方法を使います。手のひらに人差し指などで文字を書く「手書き文字」、手話を触って読み取る「触手話《しょくしゅわ》」、点字タイプライターの原理を応用した「指点字《ゆびてんじ》」などがあります。また生まれつき盲ろうの人は、その人が分かりやすい独自のサインなども使います。他方、少し見える盲ろう者は、手話が見やすいように配慮した「弱視手話」、紙やパソコンなどを使って大きな文字で伝える「筆記」を使います。少し聞こえる盲ろう者は、聞き取りやすい方法で伝える「音声」を使います。

盲ろう者は、外界と遮断された状態におかれがちです。そばに誰か人がいるのかどうかさえ分からず、もし分かっても、誰が誰に何を話しているのか分かりません。そもそも周囲の状況がまるでつかめないのです。また、テレビ、ラジオ、新聞などから社会の情報を得ることもできません。さらに、自分の行きたいところへ自力で移動することもできません。

このように、盲ろう者には「コミュニケーション・情報・移動」の三つの困難が複雑に重なり合っています。したがって、放置されると、盲ろう者は家に引きこもるしかないのです。

こうした困難を抱えている盲ろう者を支援する人のことを「通訳・介助員」と呼びます。通訳・介助員は、それぞれの盲ろう者に合ったコミュニケーション方法を使って情報保障（通訳）をし、移動介助をします。これは盲ろう者の生命線とも呼べる支援です。一九九一年に発足した全国盲ろう者協会が中心になって取り組んできたのも、この「通訳・介助支援」に関連する事業です。

現在、各都道府県（指定都市・中核市を含む）では、「盲ろう者向け通訳・介助員派遣事業」が実施されています。また、各地で開催されている養成講習会を受講して、通訳・介助員になることもできます。

さらに、各地には盲ろう者とその支援者でつくっている「盲ろう者友の会」があります。友の会では、地域の盲ろう者と支援者が集まって、交流会やコミュニケーション学習会などが開催されています。

今後は、盲ろう者の生活技能やコミュニケーション技術、ＩＴの活用などを支援するリハビリ事業をとおして、盲ろう者の自立と社会参加をよりいっそう推進することが望まれています。ぜひ、あなたのお力をお貸しください。

福島智『ことばは光』道友社、二〇一六年

問17 難病って？ 難病の人は障害者なの？ そもそも障害者って誰？「制度の谷間」って？

難病とは、社会一般には、治すことが難しい病気、不治の病などを指す言葉として理解されています。テレビのドキュメンタリーやドラマでは、難病に侵されても懸命に病気と闘い、最後には不幸にも亡くなってしまう悲劇の物語として取り上げられることも多いので、若くして死んでしまう病気というイメージをもっている人も多いかもしれません。

しかし、現実には難病を抱えながらも病気や障害をもたない人たちと同じように学校に通ったり、就職して働いていたりする人はたくさんいます。難病といってもいろいろな病気があるので、一概にはいえませんが、見た目にはなかなか見えないけれども、薬を服用して症状を抑えながらフルタイムで働いている人も少なくなく、実は隣にいるあなたの友人が難病患者だったということも珍しいことではないかもしれません。難病は、病気によってさまざまな症状があります。また、同じ病気であっても出てくる症状には個人差があり、病気の重さもそれぞれです。そのため、難病とはどういう病気かということを一言で説明することは難しく、まずは多種多様な病気があるということを理解することが大切です。

そのうえで、多くの難病患者に共通しているものとして挙げることができるのは、「体力がない」「疲れやすい」といった症状です。これらの症状は、数値で表すことが難しいため、よく「怠けているだけじゃないか」「頑張ればできるんじゃないの?」などと周囲の心無い言葉に傷つく経験をする人がたくさんいます。

しかし、実際には一般の人が単一電池くらいの体力があるとした時に、難病の人は容量の小さい単四電池くらいの体力で日々生活しています。そのため、周囲の人たちと同じように頑張ってしまうとすぐに電池切れをおこしてしまいます。適度に休んで充電をしなくてはなりません。容量が少ない分、普通は充電時間が短くなるはずですが、充電器の性能もよくないので、回復するのも通常より長い時間が必要となります。十分に回復しないまま無理をして頑張り続けると、病気の悪化を招いてしまい、勤めていた会社を辞めなくてはならなくなることもあります。こうした一日のうち自由に使える時間が少ないという困難さは、外から見ていると分からず、本人が説明をしても理解してもらうことが難しいため、病気を隠したまま働いている人も多いのが現状です。こうした難病の人は、国の制度上どのように位置づけられているのでしょう。

制度上の難病は、難病法という法律に規定され、根治的な治療法がない、患者数が少ないなどの病気全般を指します。がんのように体系的な対策がある病気や患者数の多い慢性疾患は、法律上は難病ではないという形に整理されています。

また、難病をもつ人の多くは近年まで障害者として認められていませんでした。それは日本の障害者制度が、症状が固定していることを原則として、障害の種類や重さによって障害者であるかどうかを判断してきたからです。こうした基準にあてはまらない難病の人は、どんなに生活上の困難があっても障害者として認められず、必要な支援を受けられない「制度の谷間」におかれています。

しかし、国連の障害者権利条約の批准に向けて、日本で進められた障害者制度改革によって、障害者の概念が大きく転換されました。それは、障害というものが個人の心身の機能障害にあるのではなく、そうした障害があることで社会との間で生じるバリア（社会的障壁）によって生じる生活のしづらさにある、とする考え方です。これを社会モデルといいます。

この社会モデルの考え方を取り入れた障害者基本法では、障害者を「身体障害、知的障害、精神障害（発達障害を含む。）その他の心身の機能の障害（以下「障害」と総称する。）がある者であつて、障害及び社会的障壁により継続的に日常生活又は社会生活に相当な制限を受ける状態にあるもの」と定義しています。難病という単語こそありませんが、「その他」にあらゆる障害が包括的に含まれるものとされ、難病や慢性疾患もこのなかに含まれることになりました。

病気や障害の種類や重さにかかわらず、生活のしづらさのある全ての人が障害者としてとらえられるようになったことは、難病などこれまで障害者として認められなかった人たちにとって大きな前進です。今後は、この考え方があらゆる障害者に関するあらゆる法律に浸透し、障害や病気の違いにかかわらず、必要とする支援を受けながら社会に参加できるような施策が進むことが望まれます。

📖蒔田備憲『難病カルテ──患者たちのいま』生活書院、二〇一四年

問18 知的障害のある人が施設ではなく地域で暮らしていくためにどのような支援がありますか？

知的障害者が地域で生活するためには、いろいろな制度を活用することができます。

- 日常生活のためのホームヘルパー（身体介護や家事援助、通院等介助）や外出のためのガイドヘルパー（市町村ごとに設定された「移動支援」サービスや重度の人のための「行動援護」があります）
- 一般就労（職場における合理的配慮の確保）や日中活動の場（「生活介護」「就労継続支援A型、B型」「就労移行支援」「自立訓練」など）
- 暮らしの場としての小規模な家庭的なグループホーム（重度の人は、ホームヘルプも併給が可能です。この仕組みは、二〇一八年三月までの経過措置ですが、継続・

恒久化することが必要です）

●一人暮らしのための支援（重度訪問介護の活用や二〇一八年度から始まる「自立生活援助」など）

●生活のための相談支援（一般相談、計画相談、地域移行、地域定着）

●金銭管理支援（日常生活支援事業など）

●虐待を防ぐための取り組み（虐待防止法相談窓口や「継続計画相談支援」～モニタリングなど）

などがあります。

重度の知的障害者も、一人暮らしやグループホームなどでの地域生活を選択することができます。

二〇一四年度からは、「重度訪問介護」というサービスの対象拡大が行われ、「障害支援区分四以上」で障害支援区分の認定調査項目のうち行動関連項目等（一二項目）の合計点数が一〇点以上である知的障害者、精神障害者もこのサービスが使えるようになりました。

重度訪問介護は、「身体介護」「家事援助」「外出」と「見守り」が含まれる長時間のサービスです。長時間の「見守り」も含まれますので、知的障害者にとっても使いやすいサービスだといえます。

そして、知的障害者の生活支援においては、「意思決定支援」が重要な課題です。今の社会では、さまざまな場面で意思決定が必要ですが、多くの知的障害者にとって、意思決定を行う時に「困難」が伴っています。この困難は、社会的に作られているものです。幼いころから、意思決定をすることを周りから制限され、経験が狭められ、自信を失わされてきたことや、知的障害者にとって「分かりにくい言葉」や「早すぎるペース」あるいは、「多すぎるアドバイス」などが障壁となって、自分の生活を自分で決めることが困難になってしまっているのです。「自分がどこで誰とどのように暮らすのか」を決めるためには、選択するための情報や経験が必要です。そして、関わる支援者も含めて、社会全体がその人の「尊厳」を守り、一人ひとりの「意思」（あるいは「選好」）を尊重していかなければなりません。知的障害者本人の意思決定を支援する取り組みが必要です。

ピープルファーストという知的障害者の当事者団体では、「自分たちのことは、自分たちで決める。親や職員が決めるのではない」という「自己決定」を掲げています。

現在の日本の知的障害者は、親が長年にわたって生活を支えている場合が多く、親が高齢になって生活を支えることが難しくなるということが社会問題となっています。いわゆる「親亡き後」の問題です。

この問題の背景には、地域での社会資源が不足しているということがありますが、自立の取り組みは「早すぎることはないし、遅すぎることもない」といわれます。親が元気なうちから地域で生活する経験と関係性を構築していくことが重要ですし、年を取ってからでも、地域で生活していくことは権利であり、十分可能です。

また、入所施設に入っている人たちが地域に移行していくことも大きな課題となっています。地域生活への移行に取り組まず、長期にわたって「ほったらかしにする」ことは、人権侵害（地域で生活することの権利への侵害）であるといえます。その人のペースに合わせて、経験を積み重ねて、地域生活に移行していくことが必要です。

みんなが地域で暮らせるインクルーシブな社会を作っていきましょう！

問19 日本では精神科病院に何十年も入院している人がいると聞いたのですが、どうしてですか？

二〇一二年に国が行った調査によると、日本の精神科病院では一年以上の入院患者が六四％、五年以上の入院患者が三六％います。二〇年以上入院している人も八％います。一〇代で精神科病院に入院し、そのまま三〇年以上入院している人もいます。退院できないのは、地域で暮らす場所がない、生活を支援するサービスが十分に整備されていないなどの社会的な問題があるからです。そのような理由で入院していることを「社会的入院」といいます。一方、精神科以外の病院では長くても三カ月で退院するのが普通です。また、日本の精神科のベッド数は諸外国と比較すると人口比で三倍以上もあり、入院日数も長すぎます。日本は世界の中でも群を抜いて、精神障害者を病院に収容し続けている国なのです。

精神疾患は、ごく一部の人が発症する特別な病気ではありません。例えば真面目で頑張り屋の人が、受験勉強や仕事、恋愛などで無理を重ね、余裕のない生活が続くと、焦りが強まります。そのなかで眠れない日が続く、ひどい落ち込みや自殺願望に襲われる、やがて幻聴や幻覚、妄想に苦しめられる、などの「症状」が出てくる場合があります。その際、本人はその苦しさをうまく説明できないだけでなく、家族もそれが精神症状のつらさだとはすぐには理解できず、やる気や我慢が足りないだけだなどと、間違ったアドバイスや叱責をすることで、本人と家族の間で大きなトラブルに発展することもあります。

これらの症状は、急性期に集中して関われば、必ずしも入院を必要とはしない場合も少なくありません。例えば、急性期に訪問して本人の苦しみに寄り添い、まずは眠りを確保し不安を取り除くために薬物投与も含めて支援する訪問医療（ACT）や、急性期に本人や身近な家族との話し合いを毎日続けて、本人のつらさを一緒に乗り越える方策を考えるオープンダイアローグ、二四時間体制で対応する診療所を核として、グループホームや就労の協同組合などを通じて地域で支え続けるトリエステ方式など、入院に頼らない治療・支援が欧米では主流になりつつあります。一方、三四万床も精神科病床がある日本では、本人の困り事を地域で解決しようとせず、すぐに入院させてしまう文化がまだ残っています。

この精神科病院への入院は大きく分けて三つの形があります。患者の自発的な意思にもとづく任意入院、患者が入院に同意していなくても強制的に患者を入院させることができる措置入院と医療保護入院があります。措置入院は自分を傷つける・他人に害を与える恐れのある場合に、行政命令により入院を決定するしくみであり、医療保護入院は精神保健指定医が入院の必要性を認め、保護者などの同意があれば強制的に入院させることができるしくみです。そのため、医療保護入院の場合、家族が退院に反対するかぎりは退院できないというケースも少なくありません。その背景には、地域で支援する体制が不十分で、家族に入退院や地域生活の責任が押しつけられている、という現状もあります。

また近年では、精神科病院に入院している認知症の人が増えています。認知症の人にとって、なじみのない病棟空間は、ますます混乱や不安を増すばかりです。また、徘徊や暴力行為なども、入院させずに訪問診療を行い、早期の介入と適切な支援を提供することで、減少・解消することも実証されています。しかしながら、認知症の人を地域で支えるための施策を十分にせずに、安易に精神科病院に認知症の人を入れてしまおうとする国や病院の動きがあります。

さらにいえば、諸外国と違い、日本の精神科病院の九割は、民間病院です。ベッドを埋めることが、経営上必要不可欠となります。諸外国は公立病院が中心だったので、五〇年前から精神科病床を削減し、その分の人材を地域支援の充実に充ててきました。しかし日本では逆に、民間病院経営者の利益の維持・確保のために、精神科病床が増え続けてきましたし、病床削減には業界団体が常に反対し、政治家や厚生労働省に圧力をかけ続けています。

障害者権利条約第一九条では、障害を理由に「特定の生活様式で生活すること」を義務づけられない」権利が謳われています。精神疾患、認知症を理由に、「精神科病院にいるしかない」というのは、「特定の生活様式を義務づけ」ること、そのものです。これは明確な差別です。

日本は権利条約を批准したものの、このような精神科病院への隔離収容政策をいまだに認めています。この部分の改善が必要不可欠です。

大熊一夫『精神病院を捨てたイタリア　捨てない日本』岩波書店、二〇〇九年

問20

子どもが発達障害（自閉症）と診断されました。これからの生活でどのようなことに気を付けていけばいいでしょうか？

地域での自立について、公務員になって二四年目の自閉症（発達障害のひとつ❶）の長男（四三歳＝執筆時）の子育てを通じて私が学んだことを話しましょう。

一九七二年、玉のような元気な赤ちゃんで、期待を一身に浴びて誕生しましたが、言葉も話せず、奇異な行動ばかりで、二歳一〇カ月の時「知的障害をもつ自閉症」と診断されました。超多動児で家から飛び出しては、店から品物は取ってくる、水やトイレでいたずらをする毎日で、「すみません」と謝る日々でした。しかも当時自閉症は、「親の育て方が原因」といわれ、特に母親の人格は全く否定されましたので、「不幸な子をもつ不幸な親」と絶望し、何度か無理心中も考えました。

❶**発達障害**　一般的には、脳の働きに関わる障害で、WHO国際疾病分類第10版における自閉症、アスペルガー症候群その他の広汎性発達障害などを指す幅広い概念。

しかし身体障害の当事者の方から「障害者権利宣言（一九七五年国連）」を教えられ、「同情より理解と支援を。同情を乞うような行動をする親こそ人権侵害者。子殺しする親は最大の敵」といわれ、まさに「目から鱗《うろこ》」。私は「敵にはならない。最高の理解者、支援者になる」と心に決め、「治そう」と治療に奔走するのを止め、「地域での自立」を子育ての目標にしました。不幸と思ったのは、①地域に生きる場がない、②同情、憐れみ、差別、偏見の対象、の二点でした。①地域で生きる場の開拓と②同情や偏見の解消は、「知ってもらうこと」と考え、息子と共に地域に飛び出しました。「地域と本人主体」の視点をもって理解者、支援者を探しました。応用がきかない特性ゆえ、最初から地域の中で日々実践するしかありません。

不可解な行動も意味があると特性を探りました。結果、①こだわりを利用しよう、②パニックも意思の表れ、思いを育てるチャンス、③超多動や近隣へのいたずらも隣人への説明の機会と、これら問題行動といわれたものから逆転の発想をしました。生活環境（特に人的）を整えることで、彼は自閉症のままで「自分らしく」生きることができました。日々私は地域とのパイプ役になり、彼との関わり方（合理的配慮）を伝えていきました。おかげであいさつや買い物など「自立のスキル」を獲得することができ、支援してくださった地域のみなさまに感謝しています。

自閉症の特性として、①対人関係の困難さ（視線を合わせないなど）、②コミュニケーションの困難さ（一方的に話すなど）、③行動・動作の特徴（反復的な動作など）、④活動や興味の範囲が狭い（こだわりなど）、⑤変化に対する不安や抵抗（やり方の固執など）、⑥想像力が弱い（空気を読めないなど）、⑦感覚の過敏さと鈍さ（聴覚過敏など）、⑧アンバランスな能力（記憶力や音楽・絵画にすぐれた能力など）がいわれています。「自閉症でもＯＫ」の社会の実現には、まずは「知ってもらう」ことです。

また自立するのは本人ですから、エンパワーメント支援が不可欠です。何もできないのではなく「分かってない」からできないと気づき、本人が分かる方法を工夫しました。例えば「きれいに」（抽象的）でなく、結果きれいになる方法を「具体的に」教える。苦手な言葉より「視覚的な」手順書を提示する。「ダメ、走らない」（否定的）でなく「歩きましょう」と、やるべき行動を「肯定的に」伝える。この「具体的・視覚的・肯定的」が、今でいう「合理的配慮」になります。また「分かる」手順書を作成し、「できたね、えらいね、ありがとう」とほめましたので、「自己肯定感」が育ち、失敗しても支えてもらえるという信頼のもと、「チャレンジ精神」が培えました。

障害の程度では全く不可能な高校や公務員への挑戦も、信じられないほどの潜在能力を開花し実現させました。親も主治医も無理だと思えたこの進路を決めたのは本人です。鍵は「自己決定」。自己決定は、幼い時から「選ぶ」ということを積み重ねて可能になります。社会的障壁の除去を行い、合理的配慮を行ったうえで、本人の意思を固めてもらい、そして実現するための支援、すなわち「意思決定支援」が大切です。名前のある、一人の人としての尊厳を認め、特性を理解すること。障害の軽重は、支援者の質と量次第です。親子で地域に飛び出し、理解者、支援者を見つけていきましょう。きっと多くの支援者が待っていますよ。

「地域力」に期待して……。

明石洋子『ありのままの子育て―自閉症の息子と共に1』ぶどう社、二〇〇二年／同『自立への子育て―自閉症の息子と共に2』ぶどう社、二〇〇三年／同『お仕事がんばります―自閉症の息子と共に3』ぶどう社、二〇〇五年

問21

友人がバイクの事故で頭を打ち、高次脳機能障害が残ると診断されたそうです。どんな障害なのでしょうか？　またどのような支援が必要でしょうか？

それは心配ですね。高次脳機能障害とは、交通事故やスポーツ事故、転落、転倒などで、頭を強く打ったこと、または脳出血や、脳梗塞、脳腫瘍や脳炎などにより脳にダメージを受けたことによる後遺症のことです。最近では、脳震とうや熱中症などでも、脳へのダメージが生じる場合が多いということで、やっと注目されるようになってきた障害です。

脳は全ての生物に最も大事な司令塔の役割を果たしています。特に人間の脳は複雑で、考える、感じる、悩むなどさまざまな高度の働きをしています。

それらの働きをする脳のネットワークは脳細胞をつなぐ軸索によって脳の部位に伝えられていきますが、そのネットワークが破壊されると伝達がうまくいかなくなります。ですから脳のどこがやられたかにより、後遺症の出方は異なり、複雑な障害、見えにくい障害、分かりにくい障害などといわれています。日本脳外傷友の会などの働きかけで、国の支援モデル事業が行われた結果、診断基準が定められています。脳神経外科やリハビリテーション病院ではさまざまなテストが行われ診断されます。

まず、脳の損傷がどこにあるかＭＲＡ（磁気共鳴血管造影）などの画像診断が重要とされていますが、なかには画像では見分けがつかない機能障害が生じることもあります。例えば、嗅覚・味覚の異常などもあります。一般的には、

①記憶障害（覚えが悪い。覚えても忘れる）
②遂行機能障害（計画的に物事ができない。段取りが悪い）
③注意障害（ミスが多い）
④社会的行動障害（些細なことで腹を立てたり、反面無気力などになる）

以上四点が、器質性精神障害としての高次脳機能障害診断基準となっています。

このほか以前からあった身体障害と認められている高次脳機能障害として、

失語症（ことばがうまく出てこない。間違った言葉が出てきてしまう）

半側空間無視（左側のものが見えていない）
失書（字が書けない）
失読（字が読めない）
失行（歯磨きができないなど道具が使えない）
失認（見ているものがなんだか分からない）
視野狭窄《きょうさく》（視野が狭くなった）

などがあります。まずお友達は、リハビリテーション病院で身体のリハビリテーションをしっかりと受けることが大事です。人の体の動きは全て脳の指令によって行われるのですから、手足を動かすことは脳の働きです。思うように手足が動かなかったり言葉が話せないということは、大変な障害を負ってしまったという心の落ち込みなども引き起こすので、友人として、いつも応援していると寄り添う気持ちをもって接することが本人にとって何よりの励みになります。

学校や職場に戻ってこられた後は、本人が学習や仕事ができなくて落ち込むことが多いと思います。ノートテイクで協力したり、仕事の手順を分かりやすい方法で図示するなど、協力してください。また、家族にも心配をかけることが多くなりますので、家族ぐるみで悩んだりせず、相談機関を教えてください。

①高次脳機能障害についての相談支援機関が全国にあり、そこに支援コーディネーターが配置され相談に応じています。

国立障害者リハビリテーションセンターのホームページ（http://www.rehab.go.jp/brain_fukyu/soudan/）から見ることができます。

②お住まいの地域の障害福祉課などにご相談ください。地域の医療機関や事業所などを紹介されると思います。障害者手帳の申請や、年金受給の相談に応じてもらえます。

③日本脳外傷友の会のホームページ（http://npo-jtbia.sakura.ne.jp/）から、地域の家族会にご相談ください。現在、全国の六五団体が加盟しています。例会や講習会を開催しています。就労支援事業所を運営しているところもあります。

なお、東京には二六団体が加盟する東京高次脳機能障害協議会（http://www.brain-tkk.com/index/index.php）があります。

日本脳外傷友の会編『Q&A　脳外傷――高次脳機能障害を生きる人と家族のために　第3版』明石書店、二〇一〇年

問22 障害者権利条約の内容など、世界の動きはどのようになっていますか？

障害者に関する国際的な動きとして大切なのが、二〇〇六年に国連で「障害者の権利に関する条約」（以下、権利条約）ができたこと、そして、二〇一四年には日本が批准（加盟）したことです。「条約」とは国と国が文章で行う約束。日本では、条約は法律の上、憲法の下に位置する重要な法律文章であり、条約に批准すると条約に規定している内容を国の責任で誠実に実施しなければなりません。日本は二〇〇九年以降「障がい者制度改革」を進め、国内の法制度の整備を行った後に批准しました（一四一番目の批准国）。二〇一六年八月の時点で一六六の国・地域が加盟しています。

権利条約の内容

1　障害の社会モデルと権利条約の原則

ここでは権利条約の大切な理念や原則だけ紹介します。まず、権利条約が採用した「障害の社会モデル」という考え方が重要です。障害者が社会で活動する時にいろいろなバリアがあり、障害のない人に比べて不利になることが多いです。障害者が不利になる原因が、目が見えない、歩けない、知的な障害といった機能障害ではなく、社会の環境に原因があるという考え方を「障害の社会モデル」といいます。ですから権利条約では、障害者に対して一方的に障害を克服しなさい、ということは書かれておらず、加盟国が責任をもって社会の側のバリアをなくしてください、と書いています（例えば第九条）。また、権利条約には八つの原則があります（第三条）。これらは条約に魂を吹き込むものといわれ、原則に則して条約上の権利を障害者に保障しなければなりません。この原則のなかで無差別とインクルージョン（政府公定訳では「包容」）を見てみましょう。

2　無差別・平等（障害にもとづく差別の禁止）

権利条約は障害者だけの特別な権利を作ったものではありません。障害のない人に保障されている権利を障害者にも保障することが目的です。そこで権利条約では、障害にもとづくあらゆる区別、排除、制限が差別であり、合理的配慮をしないことも差別であるとし、これらを禁止しました（第二条、第五条など）。障害者と障害のない人を分けること、障害者を排除したり、条件をつけたりして制限をすること、障害者が障害のない人と同じ活動をするための変更や調整、支援などの合理的配慮をしないことが禁止されたのです。

3　インクルーシブ社会の実現

権利条約がめざす社会は「インクルーシブ社会」です。「インクルージョン」「インクルーシブ」、難しい言葉です。かみ砕いていえば、障害者を含む全ての人が排除されず、共に生きる、共に学ぶ、共に働くなど、障害のある人もない人も一緒に生きていくことができるように社会の側が障害者をそのまままきちんと受け入れること、です。

例えば第一九条では、障害者は障害のない人と平等に生まれ育った地域においてどこで誰と生活するか選択でき、地域で自立した生活をする権利があり、施設や病院などでの生活を義務付けてはいけない、と規定しています。障害者だけがいる施設や病院を減らさなくてはいけません。また、第二四条では生活する地域で質の高い教育を受ける権利が書かれています。原則は障害のない子どもと一緒に学ぶということです。権利条約がめざす社会は障害の有無で分けられない社会＝インクルーシブ社会です。

監視の仕組み――権利条約が障害者の政策のベースに

条約を守っているかどうか監視する仕組みが規定されています。国内監視（第三三条）、国際的監視（第三四条など）の二つです。国内では、独立性などの問題がありますが、内閣府の審議会である障害者政策委員会が監視機関とされています。国際的な仕組みとしては、スイスのジュネーブに国連障害者権利委員会が設置され、加盟国の政府報告書やNGOのレポートにもとづいてその国が条約を守っているかを審査（建設的対話）します。日本は二〇一六年六月に最初の政府報告書を提出しており、二〇一九年か二〇二〇年に審査が行われるでしょう。他の国々の審査結果などをきちんと学んで、権利条約を基礎として障害者の政策を行っていくことが求められています。

問23

ここ数年で、障害のある人に関わる法律が変更されたり新しく作られたと聞きました。どのような変化がありましたか？

「今日の会議から歴史が変わったと思えるような議論をしてほしい。私たち抜きに私たちのことを決めないでという当事者の声をもとに進めていきたい」

こうした大臣あいさつから、障がい者制度改革推進会議が始まりました。二〇一〇年一月のことでした。

会議室は期待と不安、熱気につつまれていました。点字資料を指でなぞる人、手話通訳やコンピューター筆記の字幕を見る人、電動車いすに座り横にいる介護者にめくってもらって資料を読む人、両手を広げた指先に打たれる点字を読む人……。いろいろな障害のある人が、この会議に招かれました。二四名の委員のうち、過半数を超える一四名が障害当事者で占められました。国レベルでの委員会では初めてのことでした。また、肢体障害や視覚障害、聴覚障害をはじめ、知的障害や精神障害や盲ろう者など、その障害も多様でした。さまざまな障害のある人が委員なので、手話通訳や字幕、点字やルビ付きの資料なども用意されました。難しい専門用語が飛び交った時には、知的障害の委員からイエローカードが掲げられ、再度説明を求めるといった会議運営の工夫もされました。合理的配慮の見本のような形で進められた会議は、二年間で三八回開催されました。障害者差別禁止や福祉サービスに関する部会も設けられました。

熱心な議論の末、意見書がまとめられました。障害者や家族のありったけの思いが込められた内容でした。

意見書を受けて、障害者に関する多くの法律が制定、改正されました。改正・障害者基本法、障害者虐待防止法（いずれも二〇一一年）、障害者総合支援法（二〇一二年）、障害者差別解消法、改正・障害者雇用促進法（いずれも二〇一三年）といった法律です。

いずれも障害者権利条約を批准するための国内法として整備されました。そのため、共通の特徴があります。

問23

ここ数年で、障害のある人に関わる法律が変更されたり新しく作られたと聞きました。どのような変化がありましたか？

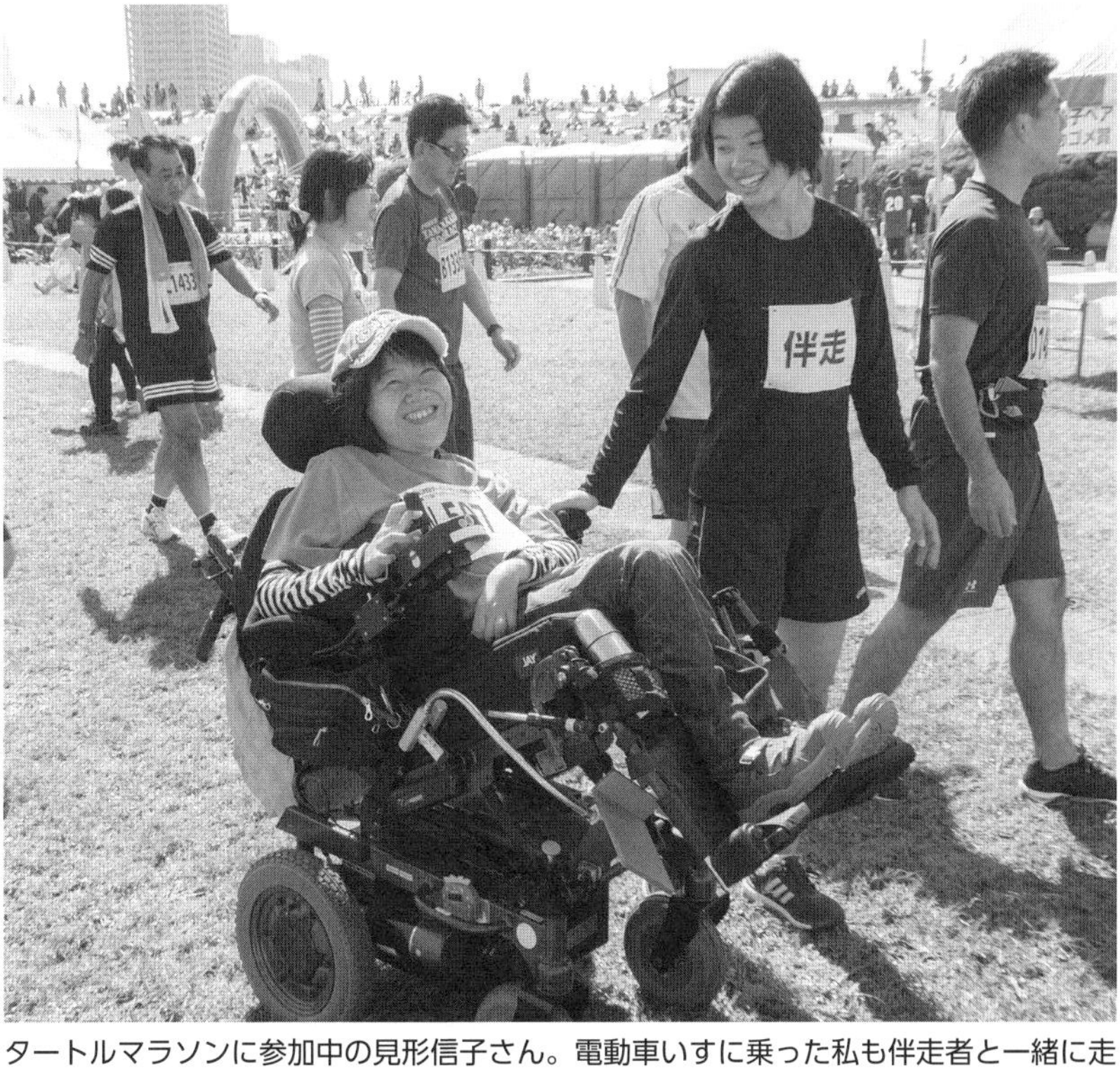

タートルマラソンに参加中の見形信子さん。電動車いすに乗った私も伴走者と一緒に走ります！ 障がいがあってもなくてもみんなで風を感じるっていいな〜（写真提供・見形信子さん）

参考：神経筋疾患ネットワーク著『でこぼこの宝物』全国自立生活センター協議会 2012

一つ目は、保護・慈善の対象ではなく権利の主体として障害者を位置づけていることです。「障害者だから仕方ない」と諦めるのではなく、障害のある人と平等にさまざまな権利を行使できるようにしていこうということです（保護の客体から権利の主体へ）。

二つ目は、障害者が感じている日々の生活や社会参加のしづらさは、社会のバリア（社会的障壁）との関係でおきているとする社会モデルの考え方です。物理面や制度面、慣行、意識といったさまざまな側面でのバリアを無くしていくことが社会に求められます（医学モデルから社会モデルへ）。

三つ目は、福祉や教育はもとより、さまざまな分野で、障害者が障害のない人と共に学び、働き、暮らしたり、楽しんだりできるように支援し、差別を無くしていくことを原則としていることです。そのなかには、合理的配慮を提供することも含まれます（地域での自立生活と差別禁止の原則）。

四つ目は、これらのことを通じて、違いと多様性を認め合い、障害の有無によって分け隔てられることのない共生社会の実現を目指していることです（インクルーシブ社会の実現）。

もちろん、法律ができたからといって、こうしたことが一足飛びに実現するわけではありません。

障害者の暮らしぶりは、その社会の豊かさのバロメーターといわれます。

この間つくられてきた各種の法律が効力を発揮して、障害者が当たり前に地域で学び、働き、暮らせる社会は、障害のない人にとっても生きやすい社会になることは間違いありません。

そうした社会を実現するために、障害者権利条約の内容が実施されるように、障害者参画のもとで引き続き制度改革を進めていくことが求められています。

DPI日本会議編『最初の一歩だ！　改正障害者基本法—地域から変えていこう』解放出版社、二〇一二年

問24

障害者に対して使ってはいけない差別語や表現ってありますか？

歴史的に、障害者の人格を否定したり、やゆしたり、蔑《さげす》んだりする意図をもって使用された言葉は「差別語」とみなされてきました。「めくら」「つんぼ」「かたわ」「きちがい」などがそれに該当する言葉でしょう。

もちろんこれらの言葉のなかにはすでに死語になりつつあるものもありますし、実際に障害者を傷つけるつもりがないのに、ついうっかり使ってしまったという場合もあるでしょう。ですから、そうした言葉を使ったからといって、ただちに「差別者」と決めつけるのはやや乱暴に過ぎるかもしれません。また逆に、「差別語」を用いなくても障害者を傷つけたり、存在を否定したりする表現をとることも可能であり、そうした場合は当然、非難や抗議の対象となるでしょう。

こうした「差別語」や「差別表現」をめぐっては長い間さまざまな論争が繰り返されてきました。すなわち、「特定の言葉や表現を禁止ないしは規制することは言論や表現の自由を侵害するものである」という反論です。彼らは、「ことば狩りはマスコミの禁句集や言いかえの対応を加速するだけで真に差別をなくすことには結びつかず、かえって陰湿化させるだけだ」と主張するのです。

さらに、「そんな言葉ぐらいで傷つくのは自分の障害を受容できていないからだ」とか「差別的な表現でも逆にそれを逆手にとって訴えていけばよい」といった声もありますが、多くの障害者がそうした強い「居直り」や「巻き返し」ができるわけではなく、むしろ、大部分の障害者は今なお厳しい差別や偏見に打ちのめされ、反論もできずに苦悩しているのが実態なのです。

このような論争のターゲットにあげられた多くの古典的作品がありますが、ここでは一八世紀イタリアの作家コロッディーの童話『ピノッキオの冒険』を取り上げてみましょう。周知のように、この童話は、ゼペットおじいさんによって作られた木の人形のピノッキオがさまざまな誘惑や危険を回避してついに本物の人間になるという物語です。このピノッキオの成長を妨げようと幾度となく登場するのが「びっこのキツネとめくらのネコ」です。この二匹はピノッキオを誘惑し、ピノッキオの同情を引こうとして「びっことめくらのふり」を装っているのですが、最後にはピノッキオの強い意志と運にまけ、「神様のむくい」の結果として「本物のびっことめくら」になってしまいます。

つまり、この童話は主人公ピノッキオの意志の強さと冒険を乗り越えるおもしろさを表現した子ども向けの楽しいストーリーなのですが、それと同時にその背景に障害者に対する当時のヨーロッパの差別的な思想も含まれているというのです。したがって、この童話を読み聞かされた子どもたちは、知らず知らずのうちに障害者に対する誤った意識＝「悪いことをすれば障害者になる」といった意識を抱きかねないのではとの懸念や主張が、反差別の運動を進めていた団体からおこってきたのです。

こうした抗議に対して「図書館問題研究会」や「日本作家協会」などの団体から「童話ピノッキオは子どもたちに夢を与える有益な名作であり、それを一方的に回収を要求するのは言論弾圧に等しい」との反論が出され、長い間論争がつづけられました。

差別的な表現として問題視された別の事例として、ある出版社が読書週間の際に、ポスターに掲示したキャッチコピーがあります。すなわち「目が潰《つぶ》れるほど本が読みたい」というこのコピーは出版社の狙いとは別に、本が読みたくても自由に読むことのできない視覚障害者のこころを傷つけることにつながるとの指摘がなされ、出版社はそのポスターを全面回収しました。

この種の論争はほかの小説やエッセイなどに関しても幾度となく繰り返されてきましたが、二一世紀に入って反差別の運動を進める団体のなかにも、運動の戦略を練り直す必要があるとの意見が出はじめています。すなわち「最初に結論ありき」ではなく、問題提起や論議を粘り強く進めることが重要であり、最初から謝罪や回収を求める手法は考え直す必要があるとの考え方です。

いずれにせよ、「差別語」や「差別表現」を問題にする際には、まず誰が、どんな場合に、どのような相手に、どのような意図で用いたかを検証することが必要でしょう。ただ、ここで難しいのは、障害者にかかわるいろいろな比喩《ひゆ》的表現や日常的に用いられる用語が数多くあることです。しかし今のところ、これらを振り分けるためのはっきりとした根拠は確立されてはおらず、したがって「ケース・バイ・ケース」で一つずつ検証を行っていく以外に有効な手だてはないと思われます。ただ、これらの検証においても障害をもつ当事者の思いに十分配慮する必要があることはいうまでもありません。

障害者にかかわる表現を考えることは、自らの障害者観を問い直すことでもあります。一例をあげれば、ものの分からないことを意味する例えとして「盲目的」といった形容の表現が日常的に出てきます。けれどそうした言葉を用いる表現者自身が、実際には盲人のことを何も知らず使っている場合が圧倒的です。つまるところ差別表現は、誤った思い込み（＝偏見）やその時どきの社会の価値観から生まれる場合が多いのです。少なくともこのような使い方は、正確な情報と豊かな感性による表現といえないのではないでしょうか。

ともかく、今求められるのは問題を提起する側の真剣さと丁寧さであり、一方で表現する側の豊かな感性と冷静かつ謙虚な姿勢ではないでしょうか。そのうえで、互いに向きあって議論を交わしあえる関係をつくっていくことが大切なのではないでしょうか。

（楠敏雄・姜博久編著『知っていますか？　障害者の人権一問一答』解放出版社、二〇〇五年より再録）

コラム

障「害」か、障「がい」か

「障害者」「障碍者」「障がい者」など障害のある人をめぐる表記の使い分けについて、私たちは「障害」は機能障害をもつ人が抱える社会的な不利は社会のバリア（障壁）によって生じるものであり、その点を象徴する表記としてあえて「障害」のままで変える必要はないと考えます。なお「障碍」については、本来仏教語に由来する「障碍《しょうげ》」の語源に関する問題もあるため、よい意味をもつものではなく変える意味はないと思います。またひらがな表記の「がい」を使って「害」の字を表面上避けることは、障害者の社会参加の制限や制約の原因が個人の属性としての機能障害にあるとする医学モデル（個人モデル）にもとづくものであり、医学モデルから障害を個人の外部に存在する種々の社会的障壁によって構築されたものとしてとらえる社会モデルへの転換こそが障害者権利条約の根幹でもあることから、賛成できません。ただし、「害」を含む障害に対して、嫌悪感をもつ一部の当事者や家族や関係者自身が「障がい」表記を用いることを否定するものではありません。

なお、二〇〇九年の内閣府「障がい者制度改革推進本部」下に設置された「障がい者制度改革推進会議」では「障害」の表記のあり方が検討され、結論として「法令等における『障害』の表記について、見解の一致をみなかった現時点において新たに特定の表記に決定することは困難である」と述べられています（二〇一〇年「障害者制度改革の推進のための第二次意見」）。

問25 障害者の人権を獲得するためにどのような運動があったのでしょうか？

日本において障害者の権利を獲得するための障害当事者による運動の始まりの一つとして一九七〇年代の「全国青い芝の会」（日本脳性マヒ者協会・全国青い芝の会）の運動があります。

一九七〇年代はじめに頻発していた親による「障害児殺し」に対して、障害当事者の立場から青い芝の会は「殺された子どもの命の尊厳」を守るよう問題提起を行いました。

青い芝の会は、障害当事者の命の尊厳を掲げ、障害当事者による自己主張を行い、障害者を抹殺しようとする優生思想（優生保護法改悪阻止闘争）や障害者を排除する社会構造（施設反対運動）、および「健全者」の差別意識を鋭く問う「告発型」の運動を行いました。

同じく、一九七〇年代初め、東京都の府中療育センターでは、当事者本人を無視した「移転計画」の強行に対して、入所者や職員有志が闘いに立ち上がり、都庁舎前にテントを張り三年にわたる座り込み闘争を行い、施設の処遇の改善を勝ち取り、その後、地域での自立生活運動につながっていきました。

また、交通アクセスの領域では、一九七七年、川崎市において、車いす障害者への乗車拒否に対して、青い芝の会は、障害者がバスに一斉に乗車することで、バスの運行を止めるという闘いをしました（川崎バス闘争）。

さらに、一九八八年に東京都で開かれたリハビリテーション・インターナショナル（RI）世界会議に来日した各国の障害者と共に、「RI を機に行動する障害者委員会」が結成され、交通アクセスのための新たな行動が始まりました。それらの運動の成果として、一九九二年「大阪府福祉のまちづくり条例」を皮切りに、各地で条例が作られ、国レベルでは二〇〇〇年に「交通バリアフリー法」が制定され、二〇〇六年には「バリアフリー新法」が施行されました。これらの運動は、現在、IPC（国際パラリンピック委員会）アクセシビリティガイド（73頁の注参照）を包括する基準を求める新しい運動につながっています。

教育の問題では、一九七九年に盲ろう・養護学校（現在の特別支援学校）の義務化が行われましたが、全ての障害児を地域校区の学校で受け止めるべきであるという考えにもとづいて、全国各地で就学闘争が繰り広げられ、「養護学校義務化阻止闘争」が闘われました。義務化阻止はできませんでしたが、インクルーシブ教育をめざす闘いが粘り強く進められてきました。制度として、不十分ではありますが、現在は、親、本人の意思の尊重（学校選択）が勝ち取られています。別学体制が固定化されようとしている今、障害者権利条約が求めるインクルーシブ教育の真の実現に向け、大きな課題が残されています。

精神障害者の領域では、一九八三年、宇都宮病院の看護職員が入院患者二名をリンチして、死亡させた宇都宮事件があります。この事件を契機に、患者に対する徹底した暴力支配、不法手続きにもとづく強制入院、不当な長期拘禁、「作業」という名の強制労働などが明らかとなり、国内外で大きな問題となりました。国連人権小委員会においても国際法上の問題として日本政府は非難され、一九八七年には、精神衛生法から精神保健法へ、さらには一九九五年、精神保健福祉法へと法改正が行われました。しかし、現実の日本の精神科病院の改革は、なかなか進まず、宇都宮病院事件以降も、大阪の大和川事件（一九九三年）など多くの人権侵害事件がおきており、今もなお、精神科医療は日本の大きな人権問題として存在しています。精神科のベッド数は、ＯＥＣＤ諸国平均の約四倍、入院日数はずば抜けて長く（日本は二九六日、その他は一八日）、強制入院（非任意入院）もヨーロッパと比較すると一四倍にも達しています。法律的にも医師・看護師の配置基準が低く設定され、入院患者の人権は、著しく抑制された状態が続いています。精神科病院から地域への移行は、国も方針として掲げていますが、遅々として進んでいません。根本的な政策の転換を勝ち取ることと併せて、精神障害者の地域生活を支えるための社会資源づくりを進めていくことが必要です。

障害者の人権をめぐる運動は、障害当事者が中心となり、人間としての尊厳を守るために、あらゆる社会領域で、多くの支援者、関係者と共に作り出してきました。二〇一六年度から障害者差別解消法が施行されましたが、差別のない社会（インクルーシブ社会）の実現は、まだまだ途上にあります。

引き続き粘り強い取り組みが求められています。

さらにくわしく知りたい方のために

●生まれる・育つ・学ぶ

柴田靖子『ビバ！ インクルージョン―私が療育・特別支援教育の伝道師にならなかったワケ』現代書館 2016

木村泰子『「みんなの学校」が教えてくれたこと―学び合いと育ち合いを見届けた3290日』小学館 2015

共同通信社社会部編『わが子よ―出生前診断、生殖医療、生みの親・育ての親』現代書館 2014

利光恵子『受精卵診断と出生前診断―その導入をめぐる争いの現代史』生活書院 2012

●暮らす

北野誠一『ケアからエンパワーメントへ―人を支援することは意思決定を支援すること』ミネルヴァ書房 2015

遠塚谷冨美子、吉池毅志、竹端寛ほか『精神病院時代の終焉―当事者主体の支援に向かって』晃洋書房 2016

寺本晃久、岡部耕典、岩橋誠治ほか『ズレてる支援！―知的障害／自閉の人たちの自立生活と重度訪問介護の対象拡大』生活書院 2015

渡邉琢『介助者たちは、どう生きていくのか―障害者の地域自立生活と介助という営み』生活書院 2011

●生命・医療・優生思想

利光恵子『戦後日本における女性障害者への強制的な不妊手術』立命館大学生存学研究センター 2016

横田弘『障害者殺しの思想（増補新装版）』現代書館 2015

横塚晃一『母よ！　殺すな』生活書院 2007

川口有美子『末期を超えて―ALSとすべての難病にかかわる人たちへ』青土社 2014

児玉真美『死の自己決定権のゆくえ―尊厳死・「無益な治療」論・臓器移植』大月出版 2013

米本昌平ほか『優生学と人間社会―生命科学の世紀はどこへ向かうのか』講談社 2000

●障害学

安積純子、立岩真也ほか『生の技法―家と施設を出て暮らす障害者の社会学 第３版』生活書院 2013

杉野昭博『障害学―理論形成と射程』東京大学出版会 2007

マイケル・オリバー『障害の政治―イギリス障害学の原点』明石書店 2006
田中耕一郎『障害者運動と価値形成―日英の比較から』現代書館 2005
石川准『見えるものと見えないもの―社交とアシストの障害学』医学書院 2004

●制度

竹端寛、山下幸子、尾崎剛志、圓山里子『障害者福祉』ミネルヴァ書房 2014
DPI日本会議編『最初の一歩だ! 改正障害者基本法―地域から変えていこう』解放出版社 2012
茨木尚子、大熊由紀子、尾上浩二、北野誠一、竹端寛編著『障害者総合福祉サービス法の展望』ミネルヴァ書房 2009

●差別禁止

DPI日本会議編『合理的配慮、差別的取扱いとは何か―障害者差別解消法・雇用促進法の使い方』解放出版社 2016
野村茂樹、池原毅和『Q&A障害者差別解消法―わたしたちが活かす解消法 みんなでつくる平等社会』生活書院 2016
榊原賢二郎『社会的包摂と身体―障害者差別禁止法制後の障害定義と異別処遇を巡って』生活書院 2016

●国際条約

東俊裕、長瀬修、川島聡編『障害者の権利条約と日本―概要と展望 増補改訂』生活書院 2012
国連人権高等弁務官事務所著、ヒューマンライツ・ナウ編訳『市民社会向けハンドブック―国連人権プログラムを活用する』信山社 2011
松井亮輔、川島聡編『概説　障害者権利条約』法律文化社 2010
東俊裕監修、DPI日本会議編『障害者の権利条約でこう変わるQ&A』解放出版社 2007

●障害者運動の歴史

尾上浩二ほか『障害者運動のバトンをつなぐ―いま、あらためて地域で生きていくために』生活書院 2016
杉本章『障害者はどう生きてきたか―戦前・戦後障害者運動史 増補改訂版』現代書館 2008
ダイアン・ドリージャー著、長瀬修編訳『国際的障害者運動の誕生―障害者インターナショナル・DPI』エンパワメント研究所 2000
定藤邦子『関西障害者運動の現代史―大阪青い芝の会を中心に』生活書院 2011
角岡伸彦『カニは横に歩く―自立障害者たちの半世紀』講談社 2010

執筆者一覧（50音順）

明石洋子　あかしようこ　あおぞら共生会副理事長、川崎市自閉症協会会長　問20
一木玲子　いちきれいこ　大阪経済法科大学　問3
臼井久実子　うすいくみこ　障害者欠格条項をなくす会事務局長　問6
海老原宏美　えびはらひろみ　呼ネット～人工呼吸器ユーザー自らの声で～　問9
尾上浩二　おのうえこうじ　DPI日本会議副議長　問23
川口有美子　かわぐちゆみこ　ALS/MNDサポートセンターさくら会　問14
北野誠一　きたのせいいち　おおさか地域生活支援ネットワーク理事長　問11
木下 努　きのしたつとむ　AJU自立の家　問10
楠 敏雄　くすのきとしお　元DPI日本会議副議長、故人　問24
栗原 久　くりはらひさし　フィールド・サポートem.（えん）代表理事、日本福祉大学実務家教員　問8
崔 栄繁　さいたかのり　DPI日本会議議長補佐　問22、コラム●インクルーシブ教育
佐藤 聡　さとうさとし　DPI日本会議事務局長　問15
三戸 学　さんのへまなぶ　秋田県八郎潟町立八郎潟中学校教諭　問7
白井誠一朗　しらいせいいちろう　DPI日本会議事務局次長　問17
新谷友良　しんたにともよし　全日本難聴者・中途失聴者団体連合会理事長　問16 難聴・中途失聴者
竹端 寛　たけばたひろし　山梨学院大学　問19
田丸敬一朗　たまるけいいちろう　DPI日本会議事務局長補佐　問16 視覚障害者
DPI日本会議　コラム●障「害」か、障「がい」か
殿岡 翼　とのおかつばさ　全国障害学生支援センター代表　問5
西尾元秀　にしおもとひで　障害者の自立と完全参加を目指す大阪連絡会議　問4
東川悦子　ひがしかわえつこ　日本脳外傷友の会事務局長　問21
平野みどり　ひらのみどり　DPI日本会議議長　まえがき
福島 智　ふくしまさとし　東京大学先端科学技術研究センター教授　問16 盲ろう者
藤原久美子　ふじわらくみこ　自立生活センター神戸・Beすけっと　問12
細井清和　ほそいきよかず　障害者の自立と完全参加を目指す大阪連絡会議　問18、問25
堀 智晴　ほりともはる　インクルーシブ（共生）教育研究所　問2
松本正志　まつもとまさし　全日本ろうあ連盟　問16 聴覚障害者
八柳卓史　やつやなぎたくし　DPI障害者権利擁護センター　問13
米津知子　よねづともこ　DPI女性障害者ネットワーク　問1

編集…特定非営利活動法人 DPI日本会議　ディーピーアイにほんかいぎ
DPI（Disabled Peoples' International、障害者インターナショナル）は、1981年の国際障害者年を機に、身体、知的、精神、難病など障害の種別を超え活動する障害当事者団体の国際ネットワークとしてシンガポールで発足。現在、国連経済社会理事会の特別諮問資格（special cosultative status）を有する。
DPI日本会議は1986年に設立。障害者が地域であたりまえに暮らせるインクルーシブ社会の実現に向け、国際協力、政策提言、情報発信を担う。
障害者自立支援法の問題点を指摘し、障害者基本法、交通バリアフリー法の成立、改正で、障害当事者の立場からの論点形成を行う。2006年末に成立した障害者権利条約策定過程に参画。条約批准に向けた活動に引き続き、批准後の現在も、国内での完全実施に向けて内閣府障害者政策委員会に対し意見提起などを行う。2013年の障害者差別解消法の成立にも各方面と協力して力を注ぐ。
国内の加盟団体は93団体（2016年10月現在）。現在の議長は平野みどり。
著書に、『問題てんこもり！ 障害者自立支援法──地域の暮らし、あきらめない』（2007年、解放出版社）。
編著に、『合理的配慮、差別的取扱いとは何か──障害者差別解消法・雇用促進法の使い方』（2016年、解放出版社）、『最初の一歩だ！ 改正障害者基本法──地域から変えていこう』（2012年、解放出版社）、『障害者の権利条約でこう変わるQ&A』（2007年、解放出版社）、『世界の障害者われら自身の声──第6回DPI世界会議札幌大会報告集』（2003年、現代書館）。
101-0054 東京都千代田区神田錦町3-11-8 武蔵野ビル5階
電話 03-5282-3730 ファクス 03-5282-0017
メールアドレス office@dpi-japan.org　ホームページ http://www.dpi-japan.org
本書の編集担当は、尾上浩二（DPI日本会議副議長）、佐藤聡（同事務局長）、崔栄繁（同議長補佐）、白井誠一朗（同事務局次長）、浜島恭子（同事務局員）

知っていますか？ 障害者の権利 一問一答

2016年11月30日　第1版 第1刷 発行

編者　DPI日本会議©
発行　株式会社 解放出版社
552-0001 大阪市港区波除4-1-37 HRCビル3F
TEL 06-6581-8542　FAX 06-6581-8552
東京営業所　101-0051 千代田区神田神保町2-23 アセンド神保町3F
TEL 03-5213-4771　FAX 03-3230-1600
振替 00900-4-75417　ホームページ http://kaihou-s.com
装幀　森本良成
本文レイアウト　伊原秀夫
印刷・製本　株式会社 国際印刷出版研究所

ISBN978-4-7592-8285-6 C0036 NDC369 126P 21㎝

障害などの理由で印刷媒体による本書のご利用が困難な方へ

本書の内容を、点訳データ、音読データ、拡大写本データなどに複製することを認めます。ただし、営利を目的とする場合はこのかぎりではありません。

また、本書をご購入いただいた方のうち、障害などのために本書を読めない方に、テキストデータを提供いたします。

ご希望の方は、下記のテキストデータ引換券（コピー不可）を同封し、住所、氏名、メールアドレス、電話番号をご記入のうえ、下記までお申し込みください。メールの添付ファイルでテキストデータを送ります。

なお、データはテキストのみで、写真などは含まれません。

第三者への貸与、配信、ネット上での公開などは著作権法で禁止されていますのでご留意をお願いいたします。

●あて先

552-0001 大阪市港区波除4-1-37 HRCビル3F
解放出版社
『障害者の権利一問一答』テキストデータ係

テキストデータ
引換券
『障害者～一問一答』
8285